Klaus A. Daigl

Kleine Planspiele für Helfer

Meiner Mutter, die in ihrem 85. Lebensjahr
zum ersten Mal an einer Rollenspielgruppe teilnahm
und dabei mit Vergnügen lernte

Klaus A. Daigl

Kleine Planspiele für Helfer

Anregungen zur Selbsthilfe, Reflexion,
Supervision in Praxis und Ausbildung

Lambertus

Alle Rechte vorbehalten
© 1988, Lambertus-Verlag, Freiburg im Breisgau
Umschlaggestaltung und Layout: Christa Berger, Solingen
Illustrationen: Christa Berger und Jessica Daun
Umschlagfoto: Christoph Maas, Solingen
Herstellung: Druckerei F. X. Stückle, Ettenheim
ISBN 3-7841-0384-7

# Inhalt

# Vorwort

Seit 1977 mein Buch über die „Hilflosen Helfer" erschienen ist, hat sich im Bereich der Aus- und Weiterbildung pädagogischer und psychosozialer Berufe viel bewegt. Was damals eine oft verdächtige Neuerung war – Selbsterfahrung, Supervision – , steht heute oft schon auf Lehrplänen und in Vorlesungsverzeichnissen. Damit neigt sich aber auch eine Pionierzeit ihrem Ende zu, in der wagemutige Einzelgänger gewissermaßen mit demselben methodischen Werkzeug den Urwald rodeten, Hütten bauten und das Feuerholz für den Herd spalteten. Eigene praktische Erfahrung hat mich gelehrt, daß gerade die in der therapeutischen Arbeit mit Patienten entwickelten Verfahren (wie die Psychoanalyse oder die Techniken der ‚humanistischen Psychologie', wie Encounter, Gestaltarbeit oder Bioenergetik) nicht immer und überall mit optimalem Nutzen für Lernende und Lehrer verwendet werden können. Allgemein scheint der bereits im Beruf stehende, den Ansprüchen der Praxis ausgesetzte Helfer andere Formen der Selbsterfahrung und Supervision zu benötigen als der Student oder Schüler.

Gerade für diesen Personenkreis, der auf Praxis vorbereitet werden soll, jedoch noch keine intensiven praktischen Erfahrungen verwerten kann, scheint mir die Sammlung „Kleine Planspiele für Helfer" außerordentlich wertvoll. Hier findet sich Material, das häufig auftretende, an den Nerven der Praktiker zerrende Konflikte in eine lebensnahe Spielform bringt. Aber es wäre schade, den Nutzen und den Spaß dieser Arbeit auf das Ausbildungsstadium einzugrenzen; ich bin sicher, daß gerade auch die im Berufsstreß stehenden Praktiker solche Gelegenheiten begrüßen werden, sich spielerisch von ihrem Alltag zu distanzieren und dabei, als nützlicher Nebeneffekt, ihre persönliche Kreativität zu üben und ihre Einsicht in die Verflechtungen gesellschaftlich-institutioneller und privat-subjektiver Einflüsse auf die eigene Arbeit zu vertiefen.

Klaus A. Daigl habe ich in dem oben erwähnten Jahr 1977 kennengelernt, als er seine Ausbildung zum Gruppenleiter in der Schweizerischen Gesellschaft für analytische Gruppendynamik begann. Aber wenn ich sein Buch begrüße und empfehle, hängt das nicht nur mit dieser persönlichen Bekanntschaft oder dem Treueverhältnis von Ausbilder und Kandidat in der Psychoanalyse zusammen, das mich manchmal an ein Reservat feudaler Traditionen (oder gar religiöser Weihen) in der Industriegesellschaft erinnert. Ich schätze ihn ganz unmittelbar als Autor, der schreiben kann, wie es mir gefällt: inhaltlich differenziert, gänzlich ohne plump-moralischen (oder ‚pädagogischen‘) Zeigefinger, gelegentlich auch mit einem Schuß Ironie.

München, im Januar 1988                          WOLFGANG SCHMIDBAUER

# Warum spielen?

Wenn wir irgendwo von unseren Kindern lernen können, dann beim Spielen. Gemeint sind nicht die stupiden sogenannten Spiele, die von der Industrie vorgefertigt werden. Allen Versuchungen der Elektronik- und Plastikproduzenten zum Trotz spielen Kinder immer noch und immer wieder frei und so, wie sie selbst es wollen. Spontane Kinderspiele sind immer entweder Körperbewegung rein aus Spaß (Laufen, Klettern, Springen, Wippen, Balancieren) oder Rollenspiele. Kinder sind Meister des Konjunktivs: Ich wäre jetzt die Mama, du wärst das Kind, das wäre unser Haus, das wäre ein Auto, das ein Teller, und der Sand darauf wäre das Mittagessen. Mit einem Satz wird eine Welt erschaffen, mit dem nächsten wird sie wieder verändert. So lassen sich auch alle Ereignisse und Erlebnisse, die das Kind in einer halbwegs gesunden Umgebung näher berühren, ohne großen Aufwand im Spiel verarbeiten. Die Rollen werden verteilt, die Welt wird verfügbar, Angst geht zurück. Das aus dem Spiel erwachsende Erlebnis, ein handelndes Subjekt zu sein und nicht (nur) ein leidendes, ausgeliefertes Objekt äußerer Mächte, stärkt das Selbstwertgefühl.

Hat das Kind für solche spontanen Rollenspiele keine Partner zur Verfügung, tun Puppen, Figürchen, ja Klötze und überhaupt Gegenstände aller Art den gleichen Dienst. Die Puppen, Stofftiere oder Spielmännchen sprechen miteinander, wobei das Kind ihnen nicht nur verschiedenartige Texte, sondern auch verschieden klingende Stimmen leiht.

Diese den Kindern abgeschaute natürliche dramatische Kunst wird längst in verschiedenen Therapieformen zur Selbstheilung eingesetzt, und doch gibt es immer noch uneinsichtige Erwachsene, die ihren Kindern solch selbstvergessenes Spielen auszutreiben versuchen: Spätestens vom Schulalter an sei es wichtiger, „vernünftige" Beschäftigungen auszuführen. Ich glaube allerdings, daß Kinder, denen zu früh ihre natürliche Fähigkeit zur spielerischen Konfliktverarbeitung verdorben wurde, später die Erwachsenen sind, die mit ihren Problemen nicht fertig werden.

Es gibt noch eine andere Spielform, die Kinder besser beherrschen als wir. Ich meine das freie innere Phantasieren, den Tagtraum oder die

Imagination. Auch hier wird die negative Bewertung deutlich in der Redensart: Das bildest du dir doch nur ein! Wieso „nur"? Wehalb wohl müssen heute Erwachsene wieder angestrengt – und, versteht sich, für gutes Geld – lernen, sich etwas einzubilden, zum Beispiel in Workshops für „aktive Imagination"? Wer sich etwas einbildet, der bildet etwas, erschafft etwas. Das muß nicht weg von der Realität führen – so als könne man Realität nur hinnehmen und sonst nichts. Sondern *mit* der Realität, wie sie vorfindbar ist, kann durch Einbildung etwas Neues, vielleicht Besseres entstehen.

Ich habe mir jedenfalls abgewöhnt, „nur Einbildung" zu sagen. Ich frage heute: Wozu verwende ich meine Ein-bildungen? Verwende ich sie destruktiv, wie der Mann in Watzlawicks „Geschichte mit dem Hammer"?

> „Ein Mann will ein Bild aufhängen. Den Nagel hat er, nicht aber den Hammer. Der Nachbar hat einen. Also beschließt unser Mann, hinüberzugehen und ihn auszuborgen. Doch da kommt ihm ein Zweifel: Was, wenn der Nachbar mir den Hammer nicht leihen will? Gestern schon grüßte er mich nur so flüchtig. Vielleicht war er in Eile. Aber vielleicht war die Eile nur vorgeschützt, und er hat etwas gegen mich. Und was? Ich habe ihm nichts angetan; der bildet sich da etwas ein. Wenn jemand von mir ein Werkzeug borgen wollte, *ich* gäbe es ihm sofort. Und warum er nicht? Wie kann man einem Mitmenschen einen so einfachen Gefallen abschlagen? Leute wie dieser Kerl vergiften einem das Leben. Und dann bildet er sich noch ein, ich sei auf ihn angewiesen. Bloß weil er einen Hammer hat. Jetzt reicht's mir wirklich. – Und so stürmt er hinüber, läutet, der Nachbar öffnet, doch noch bevor er ‚Guten Tag' sagen kann, schreit ihn unser Mann an: ‚Behalten Sie Ihren Hammer, Sie Rüpel!'" (Watzlawick 1983, 37 f.)

Oder verwende ich meine Einbildung produktiv, um genauere Einsicht in die verschiedenen Seiten eines Problems zu gewinnen und eine angemessene Lösung vorzubereiten? Es sind ja nicht nur Bilder, die ich mir ein-bilde, sondern auch Dialoge, dramatische Abläufe – Spiele! Und die haben auch schon vor der Einbeziehung „realer" Partner einen Sinn, nicht viel anders als bei den Kindern.

Denn wenn ich mir Szenen mit mehreren verschiedenen Personen imaginiere, dann ist ja der Text, den ich ihnen in den Mund lege, *mein* Text. Sie haben vielleicht das „Aussehen" von realen Personen, aber *ich* bin der Autor der Szenen in meinem Kopf, und somit ist es ähnlich wie im Traum: was ich vor allem sehe, sind verschiedene (manchmal unbewußte) Aspekte von mir selbst. Die unangenehmen Gestalten meiner Träume und Tagträume stehen für unangenehme Seiten oder Anteile in mir, die mir nicht bewußt sind oder die ich verleugnen möchte. So erwächst mir schon aus dem inneren Spiel die Chance (oder, je nachdem, die Aufgabe), mit diesen Anteilen in mir selbst etwas anzufangen.

Wer nun seine Phantasien nicht abtut, sondern bewußt zuläßt und neugierig betrachtet, kann auch lernen zu trennen zwischen der innerpsychischen Arbeit (die von Selbsterkenntnis bis zur Selbstanalyse reichen mag) und der (ebenfalls oft in der Imagination beginnenden) Auseinandersetzung mit Situationen und Menschen außerhalb seiner selbst.

Wenn also jemand in seiner Phantasie zum Beispiel ein Streitgespräch mit seinem ungerechten Chef führt, so kann das zweierlei bedeuten. Erstens: Er bereitet sich auf eine notwendige Auseinandersetzung mit seinem Chef vor, der wirklich ungerecht entschieden hat, und diese Auseinandersetzung wird dann später auch wirklich stattfinden. Zweitens: Er hat vielleicht in sich selbst etwas von einem ungerechten Chef und sieht sich vor die Aufgabe gestellt, sich mit diesem ungeliebten Anteil auseinanderzusetzen. So wie er einerseits in seiner Phantasie nicht so tief versacken darf, daß er sich zu der fälligen äußeren Auseinandersetzung nicht mehr aufrafft, so sollte er auf der anderen Seite auch nicht in dem realen Chef sein inneres Problem bekämpfen.

Hier wäre ein Anknüpfungspunkt zwischen innerem und äußerem Spiel, der Punkt, an dem weitere, „äußere" Spielpartner helfen können, Lösungen *hinter* den „blinden Flecken" (vgl. Luft 1974, 22) zu erkennen. Es ist hierbei noch nicht einmal unbedingt aktive Teilnahme erforderlich. Wenn ich andere beim Spielen verschiedener Rollen erlebe, kann derselbe Effekt eintreten, wie wenn ich selbst mitspielte. Für dieses Mit-Erleben und seine Wirkung hat Aristoteles schon im vierten Jahrhundert vor Christus den Begriff „Katharsis" gewählt, der wörtlich „Reinigung" bedeutet: Der Zuschauer bei einer Tragödie durchlebt mit den Spielern der verschiedenen Rollen alle möglichen Leidenschaften, und durch Mitleid und Furcht befreit er sich davon; so jedenfalls sah es Lessing in der „Hamburgischen Dramaturgie" (s. Gesammelte Werke, hg. v. Stammler 1959, 2. Band, 645 – 651). In der heutigen (Gruppen-)Psychotherapieforschung wird die befreiende Wirkung der Katharsis auch einfach auf die „Äußerung starker Gefühle" zurückgeführt (vgl. Yalom 1974, S. 90 f.).

Unversehens tut sich der Weg zu etwas auf, was oft bestritten wird: daß aus den Erfahrungen anderer gelernt werden kann. Es erscheint möglich, wenn nicht nur der Kopf, sondern auch Emotionen beteiligt sind. Entscheidend ist sicher die Unmittelbarkeit des Erlebens, und darin unterscheidet sich das Theater vom Film und vom Fernsehen (die natürlich, auf einem anderen Gebiet, ihre eigene, andere Verführungskraft entfalten).

Ein Beispiel soll dies verdeutlichen: Ein Passant erlebt einen leichten Verkehrsunfall unmittelbar mit, es gibt vielleicht einen Knochenbruch, etwas Blut fließt, der Passant kann Erste Hilfe leisten, das Ganze ist, gemessen am Alltag eines normalen Rettungsdienstes, eine Bagatelle. Und doch berührt unseren Passanten dieser unbedeutende Unfall emotional mehr und beschäftigt seine Gefühle länger als die Katastrophennachricht von hundert Toten irgenwo weit weg, die er, samt Bildern, abends in den Fernsehnachrichten erfährt.

Die Dinge, die uns berühren (und so für eine Veränderung bereit machen), so ist zu erkennen, kommen nicht allein durch Bilder und nicht allein durch Gedanken, sie erfordern auch, zum Beispiel, ein klopfendes Herz. Das klopfende Herz, der heiße Kopf, das Kribbeln im Bauch oder die kalten Hände – das sind jene berühmten „Körpersignale", die dann nicht ausbleiben werden, wenn wir uns – handelnd im Spiel – nicht nur einer Erkenntnis bedienen, sondern einer Erfahrung öffnen, ja uns ihr aussetzen. Das hat, entgegen einer weitverbreiteten Meinung, wenig mit Entblößung, Beschämung und Verletzung zu tun; es ist vielmehr – in einem humanen Kontext – ein Vorgang, den man nicht zutreffender und ermutigender benennen kann, als es Ruth Cohn getan hat: lebendiges Lernen (Cohn 1975, 111 ff.).

In der Form des Rollen- oder Planspiels kann ein solches lebendiges Lernen immer zu dem beitragen, was in der humanistischen Psychologie „persönliches Wachstum" genannt wird. Die Spielvorschläge in diesem Buch sind aber speziell auf das berufliche Weiterlernen von Personen zugeschnitten, die als Helfer tätig sind. Natürlich werden auch sie allgemein an persönlichem Wachstum interessiert sein. Aber darüber hinaus sollten sie mehr als andere über „die" Menschen wissen, ihre Sehnsüchte, Möglichkeiten, Gefährdungen. Denn je mehr solches Wissen in ihnen lebendig ist, desto mehr Patienten beziehungsweise Klienten können sie in ihrer je eigenen Individualität verstehen und damit angemessen behandeln oder beraten. Gerade Helfer sollten auch soviel wie möglich Einsicht in ihre eigene Person haben und ihre eigenen Stärken, Unzulänglichkeiten, Grenzen kennen. Denn alles, was sie über sich selbst herausgefunden haben, bewahrt sie vor dem Mißbrauch ihrer Rolle gegenüber den ihnen anvertrauten Menschen (vgl. Schmidbauer 1977a, 1983).

Wenn professionelle Helfer nun berufliche Situationen mit ihren Kollegen buchstäblich durchspielen, so gewinnen sie in der Regel an Einsicht und Kompetenz:

Indem sie auf Probe handeln und so Fehler entdecken ebenso wie überraschende Lösungen finden können – noch vor dem „Ernstfall";

indem sie belastende Erlebnisse verarbeiten, nicht wegschieben, nicht auslöschen, sondern einordnen;

indem sie immer wieder andere Menschen mit ihren Möglichkeiten und Grenzen kennenlernen und Erfahrungen machen, an denen sie sich orientieren können, so daß, im günstigen Fall, lebendige Wirklichkeit an die Stelle oft unerfüllbarer abstrakter Normen und schwer verfügbarer Wissensbestände tritt;

indem sie sich schließlich selbst besser kennen und neue Verhaltensweisen lernen und noch im schützenden Rahmen der Gruppe prüfen können, bevor sie sich für die Anwendung entscheiden.

# Gruppenlernen – Gruppendynamik

Seit Lewin Mitte der dreißiger Jahre mit seiner Feldtheorie auch die Gruppe ins Blickfeld der Sozialforschung rückte, ist unser Wissen von den Gesetzmäßigkeiten der „Gruppendynamik" enorm angewachsen – gemessen jedenfalls an der Anzahl der Veröffentlichungen (vgl. Luft 1974, 12 ff., und Brocher/Kutter 1985). Trotzdem ist der Begriff nur in seiner ersten Hälfte klar; eine allgemein akzeptierte Definition dessen, was mit der „Dynamik" einer Gruppe gemeint ist, oder einen einheitlichen Gebrauch des Begriffs gibt es nicht (Luft 1974, 11). Auch existieren – neben sachkundigen Warnern, die auf begründete Gefahren hinweisen – in Wissenschaft und Institutionen immer noch zahlreiche Persönlichkeiten, die ernst genommen werden wollen mit dem Bekenntnis, daß sie von der ganzen Richtung nichts halten. Dies ist mindestens als Hinweis darauf zu nehmen, daß es sich bei der Gruppendynamik um einen Wissenszweig handelt, der so jung ist, daß erst relativ wenige gesicherte und noch weniger allgemein akzeptierte Erkenntnisse über ihn bestehen.

Die vorliegende Sammlung Kleiner Planspiele will als Beitrag zur *Praxis* der Gruppendynamik verstanden werden, wäre aber wohl ohne den hilfreichen Hintergrund der Theorie nie entstanden. Die „Notwendigkeit der engen Zusammenarbeit zwischen theoretischer und angewandter Psychologie" betont auch Luft, und er sieht eine Chance für die Verwirklichung, „wenn der Theoretiker Probleme der angewandten Wissenschaft nicht mit überheblicher Abneigung oder mit Angst vor sozialen Problemen betrachtet, und wenn der Praktiker erkennt, daß es nichts Praktischeres gibt als eine gute Theorie" (1974, 17).

Immerhin existiert eine Reihe von Forschungsresultaten und Schlußfolgerungen, die wir als – zumindest vorläufig – gesichert ansehen können. Soweit sie auf die besondere Dynamik des Kleinen Planspiels anwendbar erscheinen, sollen sie hier kurz erwähnt werden – bewertet einerseits als Chancen, andererseits als Gefahren oder die Markierung von Grenzen.

Im Jahre 1955, als in Europa „die Gruppe" noch kaum ein Thema war, erforschte und erprobte an der Universität von Los Angeles, Californien, das „Western Training Laboratory in Group Development", ähnlich wie das bereits 1947 begründete „National Training Laboratory" (NTL) und nach und nach viele ähnliche Institute, experimentell und mit viel Elan Prozesse in Gruppen. Zwei jungen Forschern, Joseph Luft und Harry Ingham, gelang eine Graphik zur Verdeutlichung zwischenmenschlicher Beziehungen, die sie verspielt nach Teilen ihrer Vornamen „Johari-Fenster" nannten. Dieses „Fenster" ist seither ungeheuer populär geworden, vor allem natürlich bei Psychologen, Sozialpädagogen und „Gruppendynamikern" (z. B. Antons 1974, 111). Es wurde verbreitet, verändert und zu Experimenten gebraucht. In der Urform sieht es so aus:

Abbildung 1: *Das Johari-Fenster*

|  | Dem Selbst bekannt | Dem Selbst nicht bekannt |
|---|---|---|
| Anderen bekannt | I<br>Bereich der freien Aktivität | II<br>Bereich des blinden Flecks |
| Anderen nicht bekannt | III<br>Bereich des Vermeidens oder Verbergens | IV<br>Bereich der unbekannten Aktivität |

Vier Quadranten bezeichnen für den einzelnen die Bereiche, in denen sich seine Beziehung zu den anderen abspielt, während außen ihre Abgrenzung durch den Grad der privaten und öffentlichen Bekanntheit sichtbar wird.

Lernen in der Gruppe kann nun bedeuten, daß der Quadrant I, also alle Verhaltensweisen und Motive, die einem selbst *und* den anderen bekannt sind, größer wird, so daß die Kommunikation sich verbessert, Angst reduziert und Vertrauen vertieft wird. Entsprechend kann sich der Quadrant II verkleinern, das heißt, das Individuum erfährt etwas (Wichtiges) über sich selbst. Eine Verkleinerung gegen Null ist selbstverständlich weder erreichbar noch erstrebenswert, wohl aber kann die Gruppe sich darüber einig sein, welcher der Quadranten II, III und IV mehr und welcher weniger reduziert werden soll. Unter der Voraussetzung von Menschenwürde und Takt wäre zum Beispiel folgende Aufteilung sinnvoll, die Luft (1974, 25) als Ziel eines „gruppendynamischen Laboratoriums" vorgibt:

Abbildung 2: *Ziele des Laboratoriums*

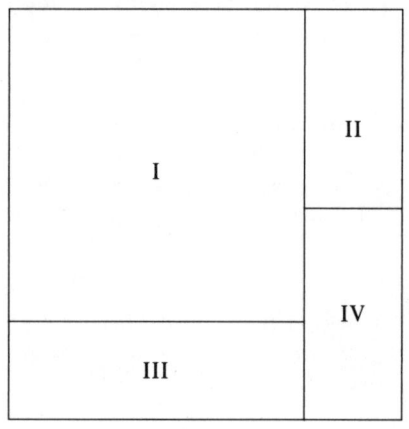

Die Bedeutung der Chance, „im sozialen Feld" zu lernen, wird noch klarer, wenn man sich an Lewins Ansatz erinnert, wonach dieses Lernen durch eine Vielzahl von Prozessen gekennzeichnet ist, die Veränderungen mit sich bringen (Lewin 1963). Eine solche Veränderung kann den kognitiven Bereich betreffen, das heißt, in neuem Wissen bestehen; aber auch Neigungen werden ge- und verlernt; das ist dann eine Veränderung von Motiven und Einstellungen.
Da die Gruppe ein soziales Modell ist, läßt das Geschehen „wie unter einem Vergrößerungsglas erkennen, was in den ‚natürlichen' sozialen Gruppen geschieht, denen die Teilnehmer sonst angehören. Jeder ist zugleich Teilnehmer und Beobachter in dieser Gruppe, Kopatient

und Kotherapeut. Er ist mitverantwortlich für die Arbeit der Gruppe und erfährt dieselben Kommunikationsschwierigkeiten wie die anderen. Die Gruppe ist ein *sozialer Spiegel*, in dem er sich betrachtet. Indem er in der Gruppe und in den Spielszenen Rollen übernimmt, lernt er sich selbst und die Rollen, die er normalerweise spielt, oft ohne es zu wissen, besser zu verstehen. Er erweitert sein Rollenrepertoire, und oft ändert er auch seine Lebensweise" (Schützenberger 1976, 99).

Als weitgehend gesichert gelten auch Forschungsresultate zur Gruppenproduktivität im Vergleich zur individuellen Produktivität. So sind Probleme, zu deren Lösung vielerlei Können, Wissen und Ideen erforderlich sind, bei Gruppen besser aufgehoben als bei einzelnen. „Feedback und freier Gedankenaustausch können tatsächlich zu Ideen anregen, die in der Einzelbemühung nicht aufgetaucht wären" (Luft 1974, 35).

Produktiver wird die Gruppe, wenn am Anfang das Gruppenziel in einem Gruppengespräch und bei Teilnahme aller beschlossen wird, weil dann die Wahrscheinlichkeit am größten ist, daß auch alle sich an der Problemlösung beteiligen. Andererseits sinkt die Moral (und damit die Leistungsfähigkeit) einer Gruppe, wenn einzelne den starken Wunsch haben, in ihrer Bedeutung (nicht Leistung) hervorzustechen oder besonders ausgezeichnet zu werden.

Schließlich ist auch hinreichend belegt, daß kleinere Gruppen besser funktionieren als größere, wobei die Untergrenze nicht durch eine Zahl, sondern durch Funktionsmerkmale bestimmt wird: Eine Gruppe ist zu klein, wenn „die notwendige Vielfalt des Könnens und die Mittel zur Erhaltung der Gruppe" (Luft 1974) nicht mehr gegeben sind.


GRENZEN UND GEFAHREN

Erkenntnis, so sollte man meinen, könne leicht erworben werden, einfach durch verbale Mitteilung, so daß einer Veränderung kognitiver Strukturen − also Lernen durch Wissen − im Vergleich zu derjenigen von Motiven und Einstellungen wenig im Wege stünde. Doch zeigt der Augenschein in unserer Informationsgesellschaft, daß die Verfügung über Wissen keineswegs regelmäßig eine Verhaltensänderung zur Folge hat. Sokrates' Annahme, Wissen sei Tugend, ist durch die abendländische Wissenschaftsgeschichte eher widerlegt als bestätigt: Was wird denn bewirkt durch unser Wissen, daß – zum Beispiel – Rauchen schädlich, der Individualverkehr nicht nur unökonomisch, sondern auch lebensgefährlich und die atomare Vernichtung der gesamten Menschheit heute schon möglich ist? Noch nie haben die Menschen über soviel Wissen verfügt wie heute, und noch nie waren sie so sehr in existentieller Gefahr. Wissen, rasch erworbenes zumal, scheint nicht in dem erhofften Maß zum Lernen im Sinne einer Veränderung auf einen Fortschritt hin beizutragen, jedenfalls wächst der Fortschritt im ethischen (also Verhaltens-) Bereich offenkundig langsamer als das Wissen um seine Bedingungen; und wo Fortschritt sichtbar ist, wird er von noch-nicht-gewußten Nebenwirkungen des fördernden Wissens ständig gebremst und neutralisiert, wie der Zustand unserer jahrelang „ökonomisch" genutzten Umwelt deutlich beweist.

Diese Vorbemerkung will hinaus auf eine Mahnung zur Geduld an diejenigen, die, zum Lernen entschlossen, sich auf die Teilnahme an einem Gruppenverfahren einlassen wollen. Wenn es schon so schwierig ist und so lange dauert, Wissen mit Veränderungskraft zu erwerben, so braucht das Umlernen etwa von lange verfestigten Einstellungen erst recht seine Zeit. Es scheint dieser Prozeß eher mit einem Modell aus der Pädagogik (den Grund legen für Wachsen und Reifen) erfaßbar zu sein als mit dem traditionellen Ansatz der Medizin (Diagnostizieren und durch Beseitigung des Symptoms wieder in die alte Ordnung bringen). Die erste Grenze liegt also im Prozeßcharakter des Gruppenlernens: es braucht Entwicklungszeit.

Konkret heißt das, daß ein Kleines Planspiel einen Lernprozeß anstoßen kann; und wenn es mindestens ein Wochenende lang dauert, so kann die Gruppe bei manchen Mitgliedern das Lernen begleitend fördern und bereits vertiefen. Daß aber nach einem einzigen Wochenende schon eine stabile Verhaltensänderung herauskommt, dürfte die Ausnahme sein; in der Regel wird viel mehr Zeit benötigt, wobei die Erfahrung mit gruppendynamischen Trainings zeigt, daß auch in den Pausen *zwischen* den Veranstaltungen – etwa wenn Wochenenden im Monats- oder Vierteljahresabstand stattfinden – die Lernprozesse innerlich weitergehen können (Schmidbauer 1977b, 237 ff.).

Eine andere Grenze soll erwähnt werden, weil sie oft übersehen wird – obwohl sie trivial ist. Es ist die Grenze der individuellen Möglichkeiten. Planspiele können ebensowenig wie andere pädagogische, seelsorgerliche oder therapeutische Hilfen einen Menschen nach einem Modell formen, wie etwa eine Blechpresse eine Karosserie formt, auch dann nicht, wenn es sich der Betroffene dringend wünscht. Die Tulpe, die sich enttäuscht von der Gruppe abwendet, weil sie keine Rose werden konnte, ist voreilig. Vielleicht hätte sie nach einiger Zeit erfahren können, was ihren besonderen Wert neben den Rosen ausmacht, sie hätte begriffen, daß sie keine Rose zu werden brauchte, und gerade das wäre die für sie wirklich wichtige Lektion gewesen.

Die Erfahrung von Anne Schützenberger, daß „in der Trainingsgruppe und im Psychodrama oft das ganze Leben eines Menschen in Frage gestellt wird, weit über das hinaus, was er erwartet hat, als er in die Gruppe kam, ‚um mal zu sehen'" (1976, 107), gilt – zumindest für die berufliche Identität – sicher auch für das Kleine Planspiel. Belastbarkeit wird deshalb in Trainingsgruppen – zu denen das Kleine Planspiel gehört – vom einzelnen Teilnehmer erwartet. Hat er ein sehr tiefgehendes persönliches Problem oder steht er mitten in einer Krise, so sollte er eher eine therapeutische Gruppe wählen. Befindet er sich bereits in Therapie, so kann er mit dem Therapeuten besprechen, wie weit die Trainingsgruppe die Therapie ergänzen oder stören würde.

Im übrigen widersprechen sehr umfangreiche amerikanische Untersuchungen, unter anderem von keinem Geringeren als Carl Rogers (1974, 123 ff.), der immer wieder zu hörenden Warnung vor traumatisierenden Wirkungen von Selbsterfahrungs- und Trainingsgruppen. Diese scheinen mehr in der ängstlichen Phantasie der (unerfahrenen) Kritiker als in der Gruppenwirklichkeit zu existieren.

Realistischer ist im Kleinen Planspiel die „Gefahr", daß zur Vermeidung einer (möglichen) Verletzung ein wichtiges Thema umgangen oder durch Diskutieren „unschädlich" gemacht wird, daß die Sonde also zuwenig tief angesetzt wird. Dies ist aber nichts weiter als eine verpaßte Chance. Sie kommt immer wieder, und zwar am sichersten dann, wenn der Betroffene erfahren hat, daß Kritik an einem Verhalten bei gleichzeitigem Akzeptieren seiner Person ihn zwar vorübergehend schmerzen, ihm aber nicht schaden wird.

Daher ist es wichtig, daß die Gruppe sich Zeit läßt, ein Klima des Vertrauens und der Offenheit entstehen zu lassen. Dies wird gelegentlich mißverstanden als eine drückende Gruppennorm in Richtung auf radikale Selbstentblößung. Um eine solche unmenschliche Entwicklung nicht entstehen zu lassen, genügt es, wenn die Teilnehmer der Gruppe sich darauf einigen, daß sie das nicht wollen. Eine Gruppe, deren Mitglieder einander persönliche Entscheidungsfreiheit zugestehen, wird unerwünschte Norm-Entwicklungen erkennen und ihnen entgegensteuern, also auch als Ganzes autonom sein, so autonom, daß sie notfalls auch einen wenig kompetenten Leiter verkraftet. Doch was ist ein kompetenter Leiter?

Leitungskompetenz läßt sich nur teilweise mit Zertifikaten nachweisen. Wichtiger „scheint die Fähigkeit zu sein, zu spüren, zu merken, was in einem selbst vor sich geht und was in der Gruppe... geschieht. Fähigkeit und Kompetenz, zur *Aufgabe* der Gruppe wie auch zu den emotionalen Prozessen beizutragen, scheinen signifikante Eigenschaften zu sein" (Luft 1974, 46), gemeint ist: Eigenschaften eines guten Leiters.

So ist es sicher auch eine „Gefahr" für die Gruppe (aber nur im Sinne des Auf-der-Stelle-Tretens oder der lustlosen Behandlung von Pseudo-Themen), wenn der Leiter Prozesse nicht versteht, Interaktionen stört oder die Gruppe zur Lösung seiner persönlichen Probleme oder zur Befriedigung seiner Bedürfnisse mißbraucht. Entschieden ungünstig ist auch ein Leiter, der zu einigen oder allen Mitgliedern in einem dienstlichen (Vorgesetzten-) Verhältnis steht: Gerade beim Rollen- oder Planspiel wird hier der Rollenkonflikt zum Rollenkuddelmuddel. Wenn er will und wenn die Gruppe einverstanden ist, kann ein Vorgesetzter aber als gewöhnliches Mitglied teilnehmen.

Wenn also die Gruppe, die sich zum Lernen mit einem Kleinen Planspiel entschlossen hat, nicht ihren bereits vorhandenen Supervisor als Leiter einsetzen kann, so sollte sie sich einen möglichst erfahrenen und einschlägig ausgebildeten Gruppenpädagogen oder -psychologen von außen holen. Möglich ist aber auch, daß sie ein geeignetes Mitglied – wenn dieses einverstanden ist – ausdrücklich mit der Leitungsrolle betraut.

# Das Konzept des Kleinen Planspiels

## ROLLEN SPIELEN MIT LERNABSICHT

Das Kleine Planspiel ist eine Sonderform des Rollenspiels. Rollenspiel heißt jede in Gemeinschaft unternommene Darstellung einer angenommenen Wirklichkeit mit verteilten Rollen, bei denen kein Text vorgeschrieben ist und kein Publikum angesprochen wird. Ablauf und Resultat des Spiels gehen in erster Linie die Spieler selbst an.

Das Element *Plan* bezeichnet die Aufgabe, in einem überschaubaren, künstlich gezogenen Rahmen Wirklichkeit zu simulieren mit der Absicht, die ganze, komplexere Wirklichkeit später besser zu bewältigen. Die Extremform eines solchen Plan-„Spiels" ist das militärische Manöver.

Das Element *Spiel* umschreibt die Möglichkeit, Entscheidungen (in jedem einzelnen und zwischen Menschen) als Prozeß zu erleben und dadurch die Punkte zu erkennen, von denen aus jeweils Handlungsalternativen möglich wären. Die Extremform dieses lernorientierten Prozeßspiels ist das therapeutische Psychodrama nach Moreno.

*Klein* sind die hier konzipierten Planspiele im Unterschied zu den im Management-Training und zunehmend in der Erwachsenenbildung üblichen Formen insofern, als keine Untergruppen gebildet werden und in der Regel immer alle Teilnehmer an einem Spielort beisammen sind.

Das Kleine Planspiel kann verstanden werden als ein Hilfsmittel zur Selbst- und Weiterbildung in Gruppen; und, was Moreno vom Rollenspiel fordert, ist es auch: „Lernhilfe und Trainingsmöglichkeit in bezug auf zwischenmenschliche Beziehungen, zum indirekten Angehen später zu behandelnder wirklicher Konflikte über fiktive Konflikte; durch Darstellung von vielerlei Rollen meist traditioneller, familiärer oder beruflicher Art" (Schützenberger 1976, 61). In diesem Sinne ist spontanes Rollenspiel längst Bestandteil verschiedener Ausbildungen, Teamsitzungen und Supervisionsrunden. Die mehr systematische Form des Kleinen Planspiels läßt sich mit Gewinn dort einsetzen, wo emotionale und kognitive Lernziele zusammengeführt werden sollen.

Damit ist die Zielsetzung dieses Buches angesprochen. Es wendet sich besonders an Personen, die in sogenannten Helferberufen tätig sind, also Sozialarbeiter und Sozialpädagogen in Praxis und Ausbildung, Psychologen vor allem in Beratung und Therapie, Erzieher aller Art, medizinisches Personal und Seelsorger. Ihnen allen gemeinsam ist, daß ihre alltägliche Berufsarbeit in der Interaktion mit Menschen besteht, nicht selten begleitet von dem Anspruch, diese zu verändern, sei es mit ihrem ausdrücklichen Auftrag, sei es im Rahmen gesellschaftlicher Aufgaben.

Unternehmungen wie Supervision, Praxisberatung oder auch die ursprünglich für Ärzte entwickelte Balint-Arbeit (s. z. B. Balint 1957) suchen Auswege aus dem Grunddilemma aller professionellen Helfer: der unvermeidbaren Vermengung eigener persönlicher Anteile (seien es Normen, Motive oder Defizite) mit dem beruflichen Handeln am Ratsuchenden, Zögling, Klienten, Patienten. An Forschungsansätzen, Analysen und Theorien fehlt es nicht. Einen aktuellen Überblick bietet unter anderem das Literaturverzeichnis der von Pühl und Schmidbauer herausgegebenen Aufsatzsammlung „Supervision und Psychoanalyse" (1986).

Die vorliegende Sammlung Kleiner Planspiele ist also gedacht als methodische Anregung für Supervisionsgruppen, Arbeitsteams, Helfer in Aus- und Weiterbildung und alle, die die Reflexion ihrer Helferrolle durch übendes Tun vertiefen und verlebendigen wollen. Sie sollten bei der Auswahl des passenden Spiels mehr auf das Thema als auf das vorgegebene Milieu achten und sich nicht scheuen, die Vorgaben nach ihren Bedürfnissen abzuändern. Für den Lernerfolg eines Spielprozesses ist es von untergeordneter Bedeutung, ob der Spielort nun eine Beratungsstelle, eine Familie, eine Klinik oder ein Heim ist. Wichtig ist das Grundmuster, nach dem die Personen antreten, und diese Muster ähneln einander an den je verschiedenen Orten, an denen Menschen durch ein Beziehungsgeflecht miteinander verbunden sind.

Was das „Lernen durch Spielen" für viele Leute angreifbar, ja bedrohlich macht, ist die − im Unterschied zum Unterricht an Schulen und Hochschulen − offene Lernsituation, in der das Lernergebnis nicht im voraus festlegbar ist. Hierauf weist besonders Broich (1980, 14) hin.

Natürlich lassen sich allgemeine Lernziele benennen, die mit dem

Rollen- oder Planspiel erreicht werden können, wie Verbesserung der Fähigkeit zu sozialem Handeln oder Training einer bestimmten Fertigkeit, zum Beispiel der Kommunikation (s. Coburn-Staege 1977, 72). Broich (1980, 13 f.) zählt gar neun „gebräuchlichste Lernziele" auf, die von Frustrationstoleranz, Antizipation und Empathie über Entscheidungsfähigkeit, kommunikative Kompetenz und Kreativität bis Selbstbestimmung, Situationsbewußtsein und Solidarität reichen.

Bei den vorliegenden Kleinen Planspielen hängt die Lernzielbestimmung im wesentlichen von der spielenden Gruppe selbst ab. Eine Orientierungshilfe können hierbei die Einleitungen zu den fünf Themenkreisen und die Vorbemerkungen zu den einzelnen Spielen sein. Wenn die Gruppe sich Zeit nimmt für die Vor-Überlegung, was denn nun möglichst mit dem Spiel erreicht werden soll, können unrealistische Erwartungen gedämpft werden (siehe auch den Abschnitt „Grenzen und Gefahren", S. 17 ff.). Andererseits können die Reflexionsphasen im Spiel mit mehr Gewinn genutzt werden, wenn sie auch immer wieder die Frage einschließen: Wie weit haben wir uns dem gesteckten Ziel bis jetzt genähert?

ELEMENTE DES SPIELS

Bei jeder Art von Rollenspiel lassen sich bestimmte Einzelelemente beschreiben, die für den Ablauf (und auch für den Erfolg) wesentlich sind. Bezogen auf das Kleine Planspiel sind dies die Gruppe, der Leiter, das Spiel und der Spielraum.

1. Die Gruppe

Für gruppenbezogene Lernformen ist eine Durchschnitts-Gruppengröße von etwa zwölf Personen üblich geworden. Hiervon gibt es Abweichungen nach unten vor allem in therapeutischen Gruppen und nach oben bei stark lernbetonten Trainings, vor allem wenn Co-Trainer zur Verfügung stehen.

Das Kleine Planspiel ist sicher mehr ein Training als ein therapeutisches Unternehmen. Es geht von sechs bis zehn Rollen aus, die aber nicht immer alle besetzt zu werden brauchen, wie auch nicht immer alle besetzten Rollen ins Spielgeschehen eingreifen. Da das Kleine Planspiel sich auch für spielungewohnte Gruppen eignet, ist es wichtig, daß nicht alle Teilnehmer gleich am Anfang gezwungen sind, eine Rolle zu übernehmen. Auch haben die Beobachter in der Reflexionsphase eine wesentliche Funktion, abgesehen davon, daß sie selbst immer auch durch das Mit-Erleben Lernerfahrungen machen können (Katharsis). Das Kleine Planspiel wird also in Gruppen von etwa zehn bis achtzehn Teilnehmern mit Gewinn eingesetzt werden können.

Von Bedeutung ist auch die Zusammensetzung der Gruppe, und zwar sowohl hinsichtlich des Grads der Formalität (formelle vs. informelle Gruppe) als auch in bezug auf die Struktur (Geschlecht, Alter, Berufszugehörigkeit).

In der „klassischen" Selbsterfahrungsgruppe wird das „Encounter", also die unmittelbare Begegnung möglichst ohne anerzogene Hemmungen, gerade dadurch erleichtert, daß die Gruppe ganz zufällig zusammengesetzt (wenn nicht gar zusammengewürfelt) ist und sich mit Sicherheit nach der Veranstaltung wieder auflösen wird. Dagegen herrscht in formellen Gruppen wie etwa Arbeitsteams oder Lehrerkollegien in der Regel die Angst vor einem direkten Angehen des Beziehungsaspektes vor. Dies hängt mit den Regelmäßigkeiten jeder Institution zusammen, gereicht ihr aber dann zum Nachteil, wenn so die Arbeitsfähigkeit der Gruppe herabgesetzt wird. Daß für das lernende Wachsen des einzelnen und seine (Berufs-) Zufriedenheit unterschwellige Krisen auf der Beziehungsebene immer hinderlich sind, braucht nicht betont zu werden.

Das Kleine Planspiel nun bietet auch in festen, auf Dauer angelegten Gruppen jedem die Chance, abgestuft (das heißt vom indirekten Eine-Rolle-Spielen zur direkten Mitteilung von Gefühlen und Feedbacks) und ohne wachsenden Erwartungsdruck der Gruppe und auch mit einem ertragbaren Maß von Angst auf die Beziehungsebene zu gehen – so weit und so lange, wie in der jeweiligen Situation gewünscht.

Eine gleichmäßige Durchmischung der Gruppe nach Alter und Geschlecht ist vorteilhaft, aber nicht Bedingung: Ein Rollenkärtchen, um den Hals gehängt, dazu etwas Phantasie und Spielfreude lassen im Nu vergessen, daß zum Beispiel der 41jährige Heimleiter im Spiel von einer 22jährigen Studentin der Sozialpädagogik dargestellt wird.

## 2. Der Leiter

Kein Theater ohne Regisseur! Echtes Spiel lebt davon, daß die Spieler sich darin vergessen können. Die wenigsten können beides gleichzeitig: mit Übersicht moderieren und emotional eine Rolle spielen. Deshalb braucht auch das Planspiel eine Leiterin oder einen Leiter, der organisiert, lenkend eingreift und niemals selbst mitspielt. (Weitere Gesichtspunkte für den Leiter folgen bei der Spielanweisung.) Es ist notwendig, daß der Leiter/die Leiterin schon an verschiedenen Gruppen teilgenommen hat und sich sorgfältig auf die Aufgabe vorbereitet. Sehr zu wünschen wäre, daß er/sie Kenntnisse und Erfahrungen auf gruppendynamischem Gebiet – möglichst auch in der Leitung – mitbringt. Schriftliche Anleitungen für Gruppenleiter wie die von Vopel (1978) sind zwar sicher nützlich, ersetzen aber nicht Erfahrung und Ausbildung.

## 3. Das Spiel

Während Rollenspiele – etwa in Supervisionsrunden – meist spontan entstehen, wird das Kleine Planspiel aufgrund einer gezielten Vorbereitung eingesetzt. Spiel-Anlaß wird meist sein, daß ein mittlerer Zeitabschnitt für vertieftes Lernen zur Verfügung steht, etwa ein Wochenende, zu wenig für ein Encounter-„Marathon", aber mehr als die üblichen neunzig Minuten wöchentlich oder die mühsam einmal pro Monat abgezweigten und dann doch durch allerlei Sachzwänge beeinträchtigten halbtägigen Teamsitzungen. Das Thema des Spiels wird vorher vom Leiter (oder noch besser durch Konsens der Gruppe) festgelegt. Auch die Einigung auf ein realistisches Lernziel steht vor dem Spielbeginn. An Rollenformen sind definierte und offene Rollen vorgesehen, je nach Thema und Lernziel. Offen sind die Rollen, die nach Lust und Laune vom Spieler gefüllt werden können und meist die Funktion haben, das Spiel lebendig voranzubringen; aber auch die definierten Rollen sollen, obwohl schriftlich festgelegt, nie mehr als Skizzen sein, und im Zweifelsfall sollte der Spieler eher seinem Impuls folgen als zu eng an seinem Papier zu hängen.
Von den Phasen des Spiels ist die „Anwärmphase" schon fast sprichwörtlich geworden; sie war bei Moreno die erste von dreien. Broich (1980, 30 f.) nennt *vier* Phasen, die er dann in sich noch sehr fein aus-

differenziert. Anne Schützenberger (1976, 66) unterscheidet fünf Phasen, die für „normales" Rollen- oder Planspiel sicher ebenso gelten wie für das Psychodrama:

Die erste Phase besteht aus dem „Sicheinspielen" der Gruppe und dem Knüpfen eines „Kommunikationsnetzes". Diese Phase wird im Kleinen Planspiel durch das Interview des Protagonisten eingeleitet (s. auch die nachfolgende Anweisung).

In der zweiten Phase, der Aktivierung des Protagonisten und seiner Mitspieler, liegen das Verteilen der Rollen durch den Protagonisten und die Einzelinterviews mit den weiteren Rollenträgern.

Danach beginnt, im günstigen Fall ganz von selbst, die dritte Phase, das eigentliche Spiel.

Die vierte Phase im Psychodrama ist dann nach Schützenberger die persönliche Rückmeldung aller Teilnehmer, der Mitspieler ebenso wie der Beobachter. Im Kleinen Planspiel, das ja ein länger dauernder Prozeß aus mehreren Einzelszenen ist, muß diese Rückmeldung nach jeder Szene ermöglicht werden, wie überhaupt jedes Sprechen auf der „Meta-Ebene" deutlich vom reinen Spiel zu unterscheiden ist. Für diese Unterscheidung beziehungsweise dafür, daß die Bereiche nicht vermischt werden, hat besonders der Leiter Sorge zu tragen.

Die fünfte Phase dient der Analyse der Gruppendynamik während des ganzen Prozesses, vor allem der Beziehung zwischen dem Gespielten und dem Erleben der Gruppe hier und jetzt. Im Anschluß an das Planspiel kann auch das Verhältnis zwischen dem vorgegebenen (beziehungsweise vor-ausgesuchten „offiziellen") Thema und dem (vielleicht heimlichen, unausgesprochenen) aktuellen Thema der Gruppe besprochen werden, doch setzt dies die besondere Erfahrung und Kompetenz der Teilnehmer und des Leiters und nicht zuletzt ausreichend Zeit voraus.

Während des ganzen Verlaufs, besonders natürlich in der Spielphase, können einige Grundtechniken des Psychodramas und der Gestaltarbeit eingesetzt werden; zum Beispiel der Monolog, das Doppeln, das Beiseitereden, der Rollentausch, der leere Stuhl usw. (Näheres bei Schützenberger, 1976, 49 – 53). Da solche Techniken sich aber kaum aus Büchern lernen lassen, ist die Gruppe hier auf das vom Leiter erworbene Repertoire angewiesen.

## 4. Der Spiel-Raum

Rollenspiel braucht, ja verträgt auch in der Regel kein Publikum, schon gar nicht ein zufälliges. Daher ist ein vor Störungen geschützter Spiel-Raum zweckmäßig. Für feste Gruppen empfiehlt es sich, ihren gewohnten Rahmen zu verlassen: Mit der räumlichen wird auch die innere Distanz zum beruflichen Umfeld leichter möglich, und dies ist eine wichtige Bedingung für das Finden von Alternativen, also für Lernen. Dasselbe gilt für die Flexibilität des Spiel-Raums. Festes Mobiliar ist weniger günstig als bewegliches, Ecken und kleine Räume zum Ausweichen sind günstiger als eine sterile Übersicht mit Projektor und Neonröhren. Nur wenn für Behaglichkeit gesorgt ist, kann auch für das leichter störbare Mitglied „Spiel-Raum" in der doppelten Wortbedeutung entstehen.

# Hinweise zur Durchführung

Folgende Reihenfolge des Vorgehens hat sich bei Kleinen Planspielen bewährt:

1. Anwärmphase
Der Leiter (oder, das ist immer mit gemeint: die Leiterin) beschreibt die Situation. Es kann der gegebene Text (Die Situation) inhaltlich frei wiedergegeben, vorgelesen oder auch kopiert und verteilt werden, aber die Teilnehmer sollen sich sobald wie möglich von dem Papier lösen. Lebendiges Mitgehen ist entscheidender, als daß alle Details „stimmen". Wichtig ist das Grundmuster.
Danach geschieht dasselbe mit der Rollenbeschreibung des Protagonisten/der Protagonistin (also: „XY sagt oder könnte sagen"). Nun kennen alle die Ausgangslage. Die eigentliche Anwärmphase beginnt mit dem Interview:
Der Leiter erklärt der Gruppe, daß er jetzt zum besseren Kennenlernen der Hauptperson (die mit einem Begriff aus dem Psychodrama „Protagonist/in" genannt wird) ein Interview durchführt. Das Besondere dabei ist, daß jetzt *jede* Person im Kreis Protagonist(in) „ist" und spontan auf die Interviewfragen und -impulse reagieren kann, selbstverständlich nur in der Ich-Form.
Beim Interview hat der Leiter darauf zu achten, daß über die eigentliche kritische Situation möglichst *nicht* gesprochen wird; vielmehr soll er versuchen, wie bei einem „richtigen" Interview soviel wie möglich über die *Person* zu erfahren, und die Mitspieler(innen) können sich daran gewöhnen, Einfühlung und Einfälle unvermittelt in Rede umzusetzen. Die Interviewfragen und -impulse könnten zum Beispiel lauten:
Frau (Herr) X, Sie arbeiten in einem Heim (einer Beratungsstelle ...) − ist das eigentlich Ihr Wunschberuf?
Wenn Sie Ihr Leben noch einmal zurückdrehen könnten bis zum Ende der neunten Klasse − wie würden Sie dann die Weichen stellen?
Welche Urlaubspläne haben Sie für dieses Jahr?
Eine Erbschaft oder ein Lottogewinn − träumen Sie ruhig einmal − würde Sie finanziell unabhängig machen, was würden Sie tun?
Wenn Sie jemand oder etwas wütend macht, wie reagieren Sie?

Und so weiter. Es kommt nicht darauf an, daß die Fragen originell oder besonders gezielt sind, sie sollen nur ein bißchen und eher beiläufig auf den Busch klopfen: Wichtig ist, was dabei herunterfällt. Die Antwort gibt der, dem sie zuerst einfällt, aber die Teilnehmer sollen sich weder unter Zeitdruck noch in einem Wettbewerb um die „besten" Aussagen fühlen; deswegen sollte der Interviewer unter gar keinen Umständen wie ein Lehrer bewertend reagieren, nichts zurückweisen und nichts loben! Er kann aber natürlich Antworten aufgreifen und sie für die weiteren Fragen oder Impulse verwenden.

Innerhalb von zehn oder zwanzig Minuten geschieht meist folgendes: Eine oder zwei Personen im Kreis antworten besonders häufig und engagiert. Und das Frage-und-Antwort-Spiel flaut ab oder droht in eine Diskussion über die Lösung des gegebenen Problems auszuarten. Das ist der Punkt, an dem abgebrochen werden sollte. Und natürlich folgt nun die Frage: Wer in der Runde übernimmt für die nächste Zeit die Rolle des Protagonisten? Entweder meldet sich jemand freiwillig, oder der Leiter trägt die Rolle einer Person an, auf die sie ihm zu passen scheint. Der Antrag kann angenommen oder abgelehnt werden. Wenn eine Person die Rolle angenommen hat, hängt sie sich ein Rollenkärtchen (am besten im Postkartenformat) mit dem deutlich geschriebenen Namen und Alter des Protagonisten an einem Bindfaden um den Hals. Das ist das Ende der Aufwärmphase.

## 2. Aktivierungsphase

Es sind drei Papiere, die an alle Teilnehmer ausgegeben werden können: die Situationsbeschreibung, das Rollenblatt des Protagonisten (aber ohne die „geheime Spielabsicht") und das Personenverzeichnis („Wer noch beteiligt ist"). Wenn dieses nicht gleich am Anfang mit ausgeteilt wurde, ist jetzt der Zeitpunkt dafür. Es enthält nur Namen, Alter und ganz wenige klischeehafte charakterisierende Zusätze. Das ist Absicht. Die Angaben sollen für ein bewußt induziertes Urteil nicht ausreichen, und die menschliche Gewohnheit wird statt dessen ein aus dem Unbewußten kommendes Bild erzeugen.

Auch der Protagonist wird (und soll) so verfahren, wenn er nun aufgefordert wird, sich seine Mitspieler nach der Liste spontan und rasch aus dem Kreis selbst auszuwählen: Er wird unbewußt die „Richtigen" finden. Natürlich gilt auch hier, daß jede(r) die Freiheit hat, eine

Rolle abzulehnen. Wer annimmt, hängt sich die Namenskarte um, während gleichzeitig der Leiter die Rollenbeschreibung vorliest, natürlich ohne die „geheime Spielabsicht"; diese wird den Spielern jeweils verdeckt ausgehändigt. Ein kurzes Interview, ähnlich wie beim Protagonisten, mit jedem Rollenträger einzeln schließt diese Phase ab. Danach ist eine gute Gelegenheit für eine kurze Kaffeepause.

## 3. Spielphase

So kurz wie möglich wird in der Gruppe erörtert, welche Szenen nun bei der gegebenen Zusammensetzung der Spieler möglich sind, und Einigung darüber erzielt, mit welcher begonnen wird. Wahrscheinlich taucht auch jetzt schon zum ersten Mal die Frage auf, ob die an einer Szene nicht unmittelbar beteiligten Spieler anwesend sein oder den Raum verlassen sollen. Für beide Möglichkeiten gibt es Argumente und Gegengründe. Feste Regeln haben sich aus der Praxis nicht ergeben. Die Gruppe kann von Fall zu Fall entscheiden und mit beiden Möglichkeiten experimentieren. Was die Informationen im einzelnen angeht, könnte eingewandt werden, daß ja prinzipiell alle Mitglieder einer Planspielgruppe Zugang dazu haben und deshalb schließlich das Vorenthalten der „geheimen" Spielabsichten witzlos sei. Tatsächlich scheinen aber viele Informationen im Eifer des lebendigen Spiels wieder vergessen zu werden, jedenfalls behindern sie den Lernprozeß nicht. Ich möchte nicht mit Piaget darüber streiten, aber emotional sehr beteiligte Gruppenmitglieder ähneln im Verhalten oft jenen Kindergartenkindern, die mir interessiert zusahen, wie ich langsam das Nikolauskostüm anlegte – und dann doch vor der fertigen Gestalt erschauerten. Das hat wohl weniger mit irgendeinem Reifestadium als mit der schlichten Tatsache zu tun, daß unsere Emotionen unsere Wahrnehmung beeinflussen.

Auf alle Fälle sollte jetzt *gespielt* und nicht diskutiert werden, schon gar nicht über „die beste Lösung des Falles"! Hat die erste Szene begonnen, dann hält sich der Leiter zurück. Er greift nicht ins Spiel ein, außer um für den Spielverlauf förderliche Psychodrama-Techniken (ganz besonders das „Beiseitereden"; s. auch S. 26) anzuregen oder vorzuführen. Er wird ferner eine Szene stoppen, wenn Wiederholungen zeigen, daß sie nicht mehr ergiebig ist, sollte sich aber im Zweifelsfall eher für das Weiterspielenlassen entscheiden: Eine Spielszene ist nicht ein Produkt, das schön zu sein hat, sondern ein Symptom, das zu weiterer Untersuchung anregt!

Nach jeder Szene müssen zuerst die Spieler, dann die Beobachter Gelegenheit erhalten, ihre Befindlichkeit zu äußern: Wie habe ich mich in der Rolle gefühlt? Was hat mir besondere Mühe, was besonderen Spaß gemacht? Auf wessen Seite stand ich gefühlsmäßig? Wann oder wo hat sich mein Gefühl, meine Meinung geändert? Was hat mich oder wo habe ich mich besonders angestrengt – gelangweilt – entspannt? Das ist der Beginn der Feedbackphase.

## 4. Feedbackphase

Nachdem alle Gelegenheit hatten, über ihr Befinden zu sprechen (es braucht nicht erzwungen zu werden, daß alle es auch wirklich *tun*), können sie sich über die Wirkung äußern, die die Spieler in der Szene auf sie ausgeübt haben, und zwar nach den bekannten Regeln des Feedback: persönlich – direkt – beschreibend und nicht wertend.

Spielphase und Feedbackphase werden sich im folgenden mehrfach abwechseln, bis die Zeit abgelaufen ist. Wenn ein Tag für das Spiel zur Verfügung steht, werden zwischen drei und fünf Szenen durchgespielt werden können.

Wichtig: Es macht nichts, wenn die gespielten Szenen keine „Lösung" des Falles bringen. Auch ist es für den Lernprozeß meist unergiebig, darüber zu diskutieren, wie die Szenen „besser" hätten laufen müssen. Wichtiger ist die Antwort auf die Frage:

Welche *Bedeutung* hat das, was im Spiel tatsächlich geschehen ist? Dies ist die Leitfrage der Reflexionsphase.

## 5. Reflexionsphase

Entscheidend ist, daß für diese Phase ausreichend Zeit (mindestens ein Viertel der Gesamtdauer) zur Verfügung steht.

Im Psychodrama hat sich – als Ende der Spiel- oder als Auftakt der Reflexionsphase – ein kleines Ritual bewährt: Die Spielerinnen und Spieler stehen nacheinander auf, und jede(r) nimmt, je nach aktueller Stimmung mit Schwung oder mit Bedauern, die Rollenkarte vom Hals, legt sie vor sich nieder und sagt laut:

„Ich bin nicht X (Name der Rolle), ich bin Y (eigener Name)!"

Die möglichen Auswertungsgesichtspunkte im nun folgenden Gespräch sind zahlreich und sollten sich vor allem am konkreten Spiel-

geschehen orientieren. Zum *Verlauf* könnten sie zum Beispiel lauten:
Welche Wendungen des Spiels waren überraschend oder sonst ein-
drucksvoll?
An welchen Punkten wären auch ganz anders verlaufende Szenen
denkbar?

Zu den *Personen* wäre unter anderem zu fragen:
Wer schien sich zu ändern? Wann und wie?
Gefühle beim Darstellen des „Gegentyps"? (Wie geht es mir vor
allem, wenn mir die Darstellung dieses unsympathischen Menschen
„gelungen" ist?)
Wen fand ich besonders ärgerlich (Verleugnung des eigenen Anteils)?
Mit wem war ich besonders einverstanden (Identifikation)?

Und schließlich zum *Thema*:
Welche Wendungen des Spiels haben möglicherweise mit der Zusam-
mensetzung dieser Gruppe zu tun?
Wie hält unsere Gruppe es (halte ich es) mit den Themen Kollegialität
– Konkurrenz beziehungsweise Rivalität – Autorität – Direktheit
der Kommunikation usw.?

Zum Schluß eine Warnung vor einer Verlaufsform, die für die Reflexion eher schädlich ist: Bitte auch jetzt nicht „diskutieren", nicht
über die „beste" Version von Szenen (wie sie hätten sein müssen) und
nicht über die „beste" Lösung des Problems. Manche Gruppen (vor
allem dann, wenn sie nicht spielgewohnt sind) versuchen so (auch unbewußt), die Leiden der Einsicht zu vermeiden. Hier sollte der Leiter
behutsam und fest zum persönlich Erlebten zurückführen.

32

# Kleine Planspiele

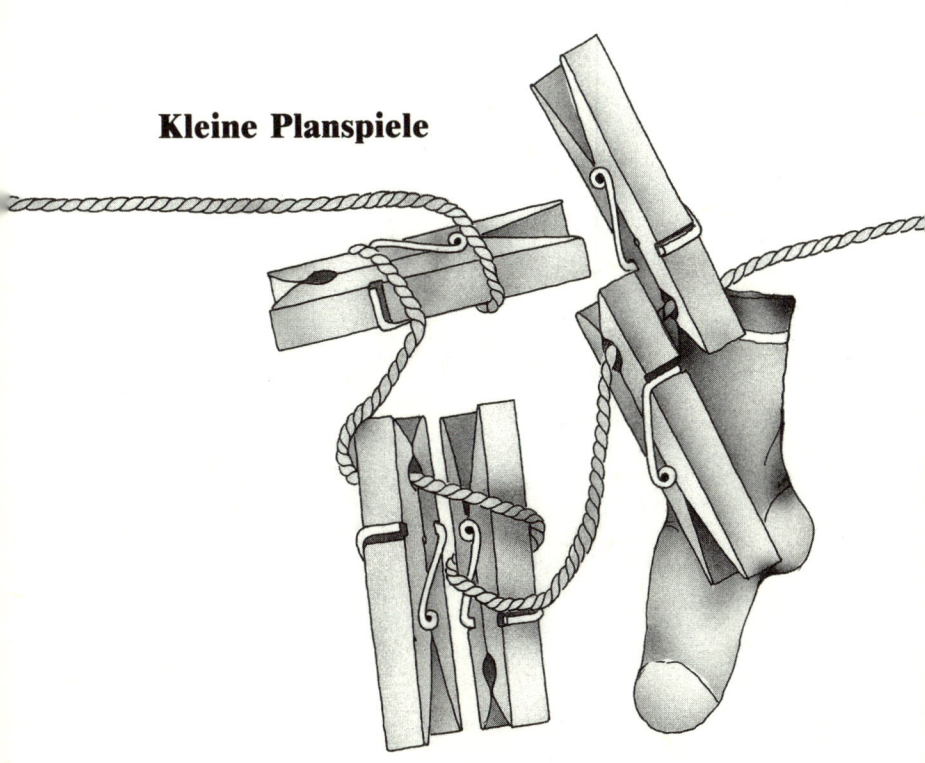

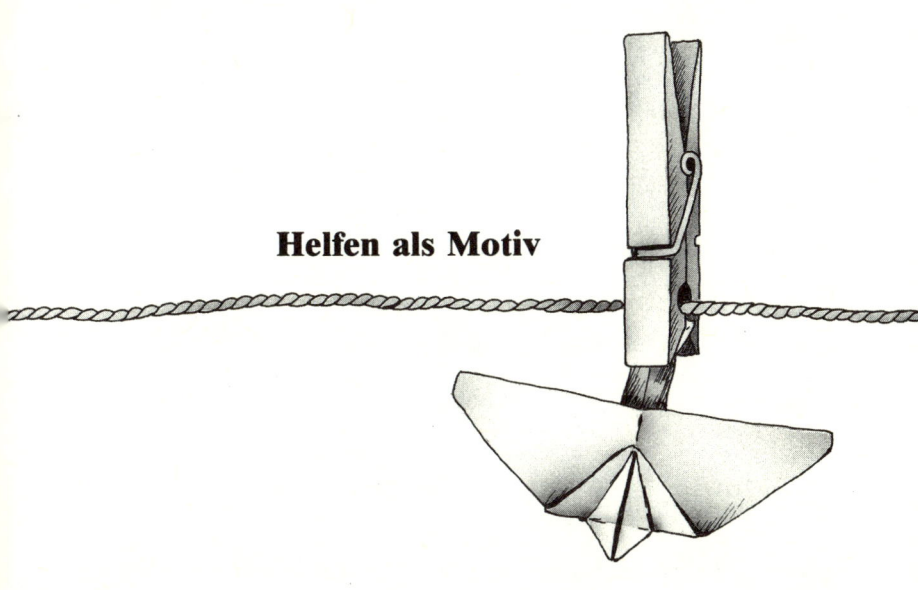

# Helfen als Motiv

Der Themenkreis „Helfen als Motiv" wird in zwei Planspielvorschlägen angesprochen, in deren Mittelpunkt die Helferpersönlichkeit steht. Die Spiele sind also zugeschnitten auf Personen und Gruppen, bei denen Fragen wie die folgenden aktuell sind:

Wie helfe ich mir selbst, indem ich anderen Hilfe gebe?

Was bleibt von meinem Selbstbild übrig, wenn ich nicht helfend tätig bin?

Kann ich noch abschalten, *bevor* ich mich ausgebrannt fühle?

Bin ich dem Druck von mehreren verschiedenen Erwartungen, die andere an mich stellen, auf die Dauer gewachsen?

Rechnet man mich zu den Leuten, die schlecht nein sagen können?

Ist mir die Problematik, die hinter diesen und ähnlichen Fragen steht, bestens bekannt, wobei ich gleichzeitig daran zweifle, daß es für mich persönlich einen Ausweg gibt?

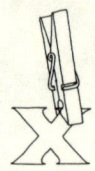

Protagonistin: Krankenschwester, Ende 20

Mitspieler: 5 bis 7

Gesamtdauer: 6 bis 10 Stunden

Schauplätze: Klinik, Wohngemeinschaft

Zielgruppe: Personen mit Helferberufen im klinischen Bereich: Ärzte, Schwestern, Pfleger, klinische Psychologen u.ä.

Mögliche Lernziele: Eigene Anteile am „Helfersyndrom" erkennen – eigene Hilfsbedürftigkeit erleben und akzeptieren – das Neinsagen einüben – eigene Wünsche/Bedürfnisse gegenüber anderen abgrenzen – Erwartungsdruck aushalten – Unvereinbarkeit verschiedener Bedürfnisse aushalten.

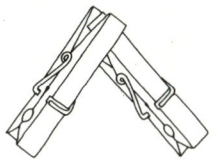

## DIE SITUATION

Pia Helffrich (27) ist Stationsschwester in der orthopädischen Abteilung an einem großen Krankenhaus. Sie selbst beschreibt die Situation so:

Vor einigen Monaten hatten wir in der Klinik ein Mädchen, Motorradunfall, ein paar ganz komplizierte Brüche. Als alles gerichtet war, sagte Edwin nach der Visite, er habe das Gefühl, die brauche mehr als einen Knochenflicker. Ich vermutete etwas Ähnliches: die war überhaupt nicht froh, daß alles noch relativ gut abgegangen war. Edwin meinte dann noch, ob ich mich nicht um Marietta kümmern und ein bißchen mit ihr reden könne. Ich tat das, sogar ziemlich ausgiebig.

Die Gespräche, auch alle folgenden, sind wirklich gut gelaufen, auch für mich, und der Marietta ging es immer besser. Ihr wurde klar, daß sie sich von ihrem Freund trennen mußte, und als sie entlassen wurde, sagte sie, ich hätte ihr mehr genützt als eine ganze Psychotherapie. Allerdings hab' ich für die Gespräche auch einen guten Teil meiner Freizeit drangehängt.

Das war vor ungefähr vier Wochen. Jetzt hat sie gerade angerufen, es gehe ihr wieder total beschissen und ich sei die einzige, die ihr helfen könne. Das Dumme ist, daß Samstag ist und ich mit Peter wegwollte; und morgen haben wir in der WG etwas Gemeinsames vor. Ich hab' versucht, den Edwin am Telefon zu erreichen, aber ohne Erfolg.

Jetzt fehlt nur noch, daß ich wieder einen Migräneanfall bekomme — im Moment fühle ich mich ganz danach.

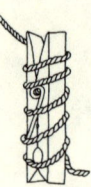

Pia Helffrich sagt oder könnte sagen:
Ich bin Krankenschwester, und das bin ich gern. In der Klinik, in der
ich arbeite, sind wir, jedenfalls auf meiner Station, ein lockeres, aber
mords gut eingespieltes Team. Es ist die operative Abteilung der Orthopädie, da haben wir vor allem Alte, Kinder und Unfallopfer.
Von den Ärzten mag ich den Edwin Baumann am liebsten. Er braucht
zwar für die Operationen länger als die anderen, aber er geht sehr
menschlich mit den Patienten um, und er läßt die Schwestern und
Pfleger nie spüren, daß er „etwas Besseres" ist. Mit ihm kann man
reden.
Wohnen tue ich in einer WG. Dort sind wir zu viert, noch eine Frau
und zwei Männer. Der eine, Peter, ist mein Freund, wir haben zusammen das große Zimmer links.
Was mir manchmal stinkt, ist, daß die anderen in der WG – auch
Peter – immer so schnell protestieren, wenn ich von der Klinik zu
erzählen anfange. Es ist einfach so, daß mir das Schicksal von bestimmten Patienten oft nachgeht, und wenn man dann effektiv nichts
machen kann, die einfach so ihrem Schicksal und ihrer Verzweiflung
überlassen zu müssen, das nimmt mich zeitweise schon tierisch mit.

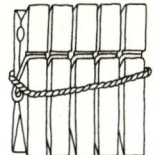

Peter Kuhl, Pias Freund, 29, technischer Beruf, Mitbewohner in der WG

Marietta Passi, 25, Fremdsprachensekretärin, Patientin nach Motorradunfall, äußerlich forsch, Stimmungsschwankungen

Dr. Edwin Baumann, Oberarzt Orthopädie, mittelmäßiger Operateur, guter Menschenkenner

Thomas Wiederwind, 22, Student, Mitbewohner in der WG, zur Zeit (nach eigenem Bekunden) „im Streß" (offene Rolle)

Renate Muder, 24, Erzieherin, Mitbewohnerin in der WG, spielt oft eine Mutterrolle: ungern, wie sie sagt (offene Rolle)

Bei Bedarf − und je nach der zur Verfügung stehenden Zeit − könnten noch Mariettas Mutter sowie Kolleginnen oder Kollegen vom Krankenhaus ins Spiel gebracht werden.

## Peter Kuhl

Du hast einen „handfesten" Beruf, nichts mit Helfen oder Therapie, und du betonst das immer wieder, besonders in der WG. Wähle dir deinen Beruf selbst und spontan: irgendwas zwischen Maschinenbau und Gewässerschutz.

Du magst Pia sehr, bist aber irgendwie froh, daß ihr nicht regelrecht verheiratet seid. Stören wird dich an Pia immer wieder von neuem, daß sie so total in ihrem Beruf aufgeht und sich − wie du es siehst − von den Patienten ausnutzen läßt. Wenn du die WG nicht hättest, kämst du dir noch mehr vernachlässigt vor. Daß jetzt das gemeinsame Wochenende in Gefahr ist, das macht dich schwer sauer.

Also wirklich, Patienten noch am Wochenende privat betreuen, irgendwo muß doch eine Grenze sein, und eine WG ist keine psychiatrische Ambulanz!

## Marietta Passi

Wichtig für deine Rolle ist, daß du dich in einer ausweglosen Situation fühlst. Stell dir vor, wie du dich fühlen würdest, wenn du innerhalb kurzer Zeit an drei Fronten Verletzungen hättest einstecken müssen (zum Beispiel bei deinen Eltern, im Beruf und bei deinem Freund). Du bist so weit, daß du dich selbst verabscheust und fast keinen Lebenswillen mehr hast.

Die einzige Person, der du im Moment vertraust, ist Schwester Pia. Auch der Arzt, der dich zusammengeflickt hat, könnte dir vielleicht helfen; aber wie kommt man an einen in der Klinik arbeitenden Orthopäden heran? (Geheime Frage: Brauchst du am Ende *doch* einen Psychiater?)

Du hast einen unzulänglichen Versuch gemacht, dir die Pulsadern zu öffnen; du kannst jetzt spontan entscheiden, ob du bei der nächsten oder einer späteren Spielszene das Heftpflaster am linken Handgelenk sehen lassen oder verbergen willst.

Du kämpfst hartnäckig um ein Gespräch mit Pia – „so gut wie damals in der Klinik". Nur diese Hoffnung hält dich im Moment noch aufrecht.


Edwin Baumann

Dein Entschluß, Arzt zu werden, entstand früh aus humanistischen Motiven, du dachtest tatsächlich als Gymnasiast an Vorbilder wie Albert Schweitzer. An der Uni faszinierte dich dann zunehmend die Wissenschaft und Forschung, und so wurde denn auch die Klinik dein Arbeitsplatz. Inzwischen hat allerdings der tatsächliche Wissenschaftsbetrieb deine Begeisterung abgekühlt. Was die – speziell die operative – Orthopädie betrifft, so behauptete ein befreundeter Psychologe, du könntest im Grunde Abweichungen und Fehler nicht ertragen, darum müßtest du alles „geraderichten". Ist diese Einschätzung vielleicht doch nicht nur Blödsinn?

Bei der Arbeit ist dir das Einvernehmen im Team wichtig, manchmal fühlst du dich geradezu abhängig von einem guten Betriebsklima.

Pia Helffrich
Ich bin sehr empfindlich dagegen, wenn jemand sagt, an meiner Überlastung sei ich selbst schuld. Je nach Tagesform und Stimmung machen mich solche Sprüche richtig depressiv, noch Tage danach. Dieses Thema ist eigentlich auch das einzige, das zu ernsthaften Krächen mit Peter führen kann. Ich will deshalb mit allen Mitteln ("Schauspielern", Migräne, Ablenken...) verhindern, daß irgendwelche Diskussionen in diese Richtung gehen.

Peter Kuhl
Ich mag diese ewigen Problemredereien nicht mehr. Ich glaube, ich werde anfangen, ein bißchen mit Renate zu flirten, mal sehen, was passiert.

Marietta Passi
Vielleicht sollte ich Pia in Ruhe lassen und einen ernsthaften Selbstmordversuch machen...

Edwin Baumann
Die Pia ist eine Krankenschwester, wie man sie lange suchen muß. Aber sie ist typischerweise in Gefahr, sich kaputtzumachen. Nur kann ich ihr das in der Klinik schlecht sagen, schließlich leite ich ja nicht den Pflegedienst. Aber ich will es ihr sagen, notfalls rufe ich sie am Wochenende an, da hab ich eh' Bereitschaftsdienst.

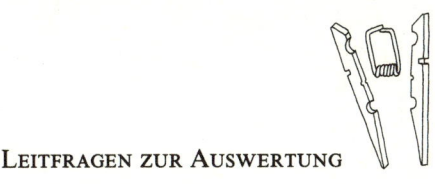

Außer den bei den Hinweisen zur Durchführung (Reflexionsphase, S. 31 f.) genannten und allgemeinen Fragen sind noch von Bedeutung:

Für die einzelnen Spielerinnen und Spieler:
Wie sehe ich jetzt den Zusammenhang zwischen meiner Helferrolle und meiner eigenen Hilfsbedürftigkeit?

Wo im Spiel erlebte ich mich als erpreßbar – oder als Erpresser(in)?

Was ärgert mich nachträglich? Wünsche ich dazu Feedback aus der Gruppe?

Was habe ich an Wichtigem gelernt? Wer/was könnte mir helfen, das Gelernte zu verfestigen?

Für die Gruppe:
An welcher Stelle des Spiels gab es eine Stimmungsmehrheit gegen oder für eine bestimmte Person/Rolle?

Gab es eine Tendenz, bestimmte Spieler mit ihrer Helfer- oder Erpresserrolle zu identifizieren und – durch stillschweigend akzeptierte Gruppennormen – positiv oder negativ zu bewerten? Besteht Bedarf, diesen Vorgang ausdrücklich zu besprechen?

Weiß die Gruppe, wie der ideale Helfer auszusehen hat?

Was macht sie mit den im Spiel ungelösten Problemen?

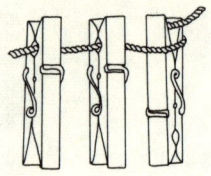

Nach etwa drei bis sechs Monaten kann die Gruppe ein ähnliches Kleines Planspiel (zum Beispiel „Hilfe, ich bin Helfer") versuchen und in der Besprechung besonders darauf achten, was sich schon verändert hat.

Die Gruppe kann außerdem regelmäßige Zusammenkünfte im Sinne einer Supervisions- oder Balintgruppe vereinbaren. Wenn es sich auch im Berufsalltag um ein festes Team handelt oder die Mitglieder in der gleichen Institution arbeiten, sollte der Leiter von außerhalb kommen.

Jeder einzelne kann sich angewöhnen, bei den „normalen" Gesprächen mit Kollegen berufliche Probleme nicht nur zu bereden, sondern spontan in kleinen Szenen zu spielen (Rollenspiel), und zwar mit wechselnden Rollen.

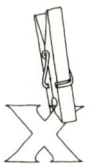

ZWEITES SPIEL: ACH WIE GUT, DASS NIEMAND WEISS

---

Protagonisten:

a) Mann, Anfang 40, in Identitätskrise (Helfer vs. Künstler)
b) Frau, Mitte 25, in Überforderungssituation durch Anpassungsdruck

Mitspieler:

3 oder mehr

Gesamtdauer:

8 bis 16 Stunden, je nach Bereitschaft zur Selbsterfahrung

Schauplätze:

beliebig

Zielgruppe:

Personen, die sich mit ihrer Helferrolle und/oder „burn-out"-Symptomatik auseinandersetzen wollen

Mögliche Lernziele:

Durch eigenes Erleben, gemäß dem Märchen vom „Rumpelstilzchen", die beiden Hauptrollen in ihrer gegenseitigen Bezogenheit als urmenschlich begreifen:

Die Müllerstochter, die Stroh zu Gold spinnen muß, weil ihr Vater, „um sich ein Ansehen zu geben", dem König weisgemacht hat, sie könne es (Überforderung der Frau durch mächtige Männer).

Der Kobold, der seinen Namen geheimhalten muß und der Müllerstochter hilft um den Preis, daß sie ihm ihr erstes Kind gibt (der Helfer, der, ohne reale gesellschaftliche Identität, mit einem Stück Leben entlohnt wird — und sich selbst vernichtet, sobald er „identifiziert" ist).

| Besonderheit: | Dieses Spiel kann manchen Personen sehr nahe gehen und starke Emotionen freisetzen. Deswegen ist hier ein erfahrener, besonders kompetenter Leiter nötig. |
|---|---|

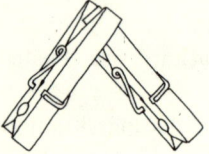

DIE SITUATION

---

Andreas Rummenthiel (41) ist „eigentlich" Lehrer, aber in seiner Freizeit hat er sich ganz der Musik verschrieben, und zwar spielt er in einem Orchester mit, das schon fast Profi-Qualität hat. Außerdem war und ist er immer wieder in besonderem Maße Vertrauensperson für junge Menschen, besonders der Altersgruppe 15 bis 18.

Die Konfliktsituation beschreibt er so:

Genau in dem Augenblick, da ich – nach einem Dutzend Dienstjahren – mehr denn je an meiner Lehrerrolle zweifle, werde ich gleichzeitig an zwei völlig anderen Fronten beansprucht.

Gerade hat mich Helmut, der Leiter unseres Orchesters, angerufen. Er hat Pläne für unsere musikalische Zukunft und will sie mit mir besprechen. Deswegen kommt er gleich hier vorbei. Ich ahne, was er will. Das Orchester hat Erfolg, und Helmut macht schon eine Weile daran herum, daß wir das auch hauptberuflich machen könnten. Jedenfalls wird von mir ein verstärkter Einsatz für die Musik gefordert werden.

Außerdem kam ein Brief von Mady Müller, von der ich schon lange nichts mehr gehört habe. Früher konnte ich ihr ein paarmal aus verzwickten Situationen helfen. Sie will mich kurzfristig besuchen. Soviel habe ich dem Brief entnommen, daß ich wieder einmal als Berater bei einem wichtigen Lebensproblem gefragt bin. Schön, ich kann das ja auch irgendwie, und ich gebe zu, die Rolle reizt mich auch, aber im Moment stört's mich eher: Bin ich Sigmund Freud?

a) Andreas Rummenthiel sagt oder könnte sagen:
Wenn ich zurückblicke, sehe ich so etwas wie einen roten Faden.
Aber in der Zukunft liegt alles im Nebel. Vielleicht ist es ja die „Mid-
life Crisis", etwas früh, aber immerhin möglich. So als Ausgleich
dafür, daß ich mich andererseits ziemlich spät – mit fast dreißig –
vorübergehend verlobt und dann überhaupt nicht geheiratet habe.
Kurz vor dem Abitur stand für mich fest, daß ich Psychiater werde.
Aber dann hat mich die Medizin – oder besser: das Menschenbild
der Mediziner, die mich ausbilden sollten – doch abgeschreckt.
Nach einem Ausflug in die Psychologie (fünf Semester), die mir in
ihrer akademischen Form ebenso unmenschlich vorkam wie die Medizin, bin ich Lehrer geworden. Nachträglich kann ich diesen Entschluß einigermaßen begründen: Im Bereich des Seelischen ist es
nicht möglich, ja absurd, die Leute in Gesunde und Kranke einzu-
teilen. Es gibt nur solche, die eher das Richtige, und solche, die eher
das Falsche gelernt haben. Darum müssen die Therapeuten Pädagogen werden und können Pädagogen oft die besseren Therapeuten
sein. Promoviert habe ich als Historiker – über Pädagogik der Auf-
klärung. Bis hierhin ist noch alles ziemlich einfach.
Da ist ja noch die Musik, das Kammerorchester, in dem ich spiele,
nebenberuflich wie die anderen auch, aber entschieden mehr als nur
Hausmusik, das belegen die letzten, sehr erfolgreichen Aufführun-
gen. Wir spielen seit sieben Jahren zusammen, an einem Ort fünfzig
Kilometer von hier, nehmen demnächst die dritte Platte auf, und ich
finde es lustig, daß die anderen mich automatisch für einen Musik-
lehrer gehalten haben oder noch halten, dabei unterrichte ich nur Geschichte und, irgendwann fragt mich ja doch jemand danach, Reli-
gion. Und um gleich noch einer weiteren Frage zuvorzukommen: Ich
tue dies inzwischen ganz ohne Schwung und Überzeugung.

Und jetzt also das Dilemma. Bleibe ich Lehrer? Steige ich aus und mache nur noch Musik? Vertage ich die Entscheidung und helfe erst mal Mady? Oder ist die Beraterrolle in Wirklichkeit das Allerwichtigste? Manche Leute sagen das ja immer wieder. Warum nur will mich alle Welt auf *eine* Richtung festlegen? Ich kenne das schon: Wenn es gelingt, mich in *einer* Ecke festzuhalten und ich mich dort ohne Ausweg finde, dann kriege ich garantiert wieder eine von meinen ganz üblen Depressionen.


b) Mady Müller sagt oder könnte sagen:
Wie gut, daß ich den Andreas habe. Ich wüßte nicht, wen ich jetzt sonst noch um Rat fragen könnte.
Als er mir zum ersten Mal half, war ich noch im Gymnasium in der zehnten Klasse. Meine Eltern verlangten damals, ich solle Abitur machen, obwohl ich in fast allen Fächern ziemlich mies stand. Ich kannte Andreas – damals noch „Herrn Dr. Rummenthiel" – vom Religionsunterricht. Wir hatten alle mordsviel Vertrauen zu ihm, und es war bei uns Mädchen auch so ein gewisses, irgendwie erotisches Knistern dabei, den einen mehr, den anderen weniger bewußt. Also, ich habe das natürlich erst hinterher kapiert. Jedenfalls, ich bin zu ihm hingegangen, und er hat mir unheimlich aufmerksam zugehört und dann fast drei Jahre lang jede Woche mit mir gebüffelt. Ich mußte ihm nur einen fast symbolischen Preis von drei Mark pro Stunde zahlen. Und dann habe ich das Abi mit 1,9 geschafft.
Studieren wollte ich auf keinen Fall, aber mein Vater wollte! Seine Tochter sollte die akademische Bildung kriegen, die ihm fehlte. Und es sollte Medizin sein, schließlich hatte ich einen Einskommaschnitt (er hat nie erfahren, *wie* ich den erreichte, ebenso wie er nie akzeptieren wollte, daß bestimmte Sachen überhaupt nicht gehen, von mir aus gesehen). Er meinte, mit etwas Wartezeit – in der ich zum Beispiel Krankenschwester werden könnte – würde am Ende zu seinen geschäftlichen Erfolgen noch das Prestige kommen, eine Frau Doktor als Tochter zu haben, da das Schicksal ihm doch schon einen Sohn versagt hatte!
Wieder ging ich zu Andreas, und wir quasselten drei Stunden. Dann ging er mit mir nach Hause und vermittelte zwischen mir und meinem Vater. Er machte das wahnsinnig geschickt, und die Lösung war, daß

ich nicht Medizin studieren mußte, sondern das einzige Fach, das mich ein bißchen interessierte: Architektur. Mein Vater war sehr zufrieden, ich eigentlich auch. In einem halben Jahr habe ich das Diplom, wenn ich's schaffe.

Ich habe Andreas damals mein schönstes selbstgemachtes Batiktuch geschenkt. Leider hat mir dann das Studium wenig Zeit fürs Batiken gelassen, obwohl ich es leidenschaftlich gern mache und mir oft vorstelle, ich hätte einen kleinen Laden für Batiksachen und sonst irgendwelches Kunsthandwerk. Das ist lange mein Traum gewesen.

Aber jetzt habe ich andere Neuigkeiten. Ich glaube, ich bin verliebt! Heinz ist ein bißchen älter, er ist Architekt und irgendwie eine tolle Mischung, so zielstrebig wie mein Vater und so verständnisvoll wie Andreas. Er stammt aus einer sehr reichen, kultivierten Familie und ist unheimlich musikalisch. Alle in der Familie spielen mindestens ein Instrument und musizieren oft gemeinsam. Ich war schon zweimal dabei, und natürlich fragten sie, ob ich auch ein Instrument spiele, und ich sagte frech ja, Querflöte, verschwieg aber, daß ich seit sechs Jahren keinen Ton mehr geblasen habe. Aber wenn ich mich sehr anstrenge, komme ich sicher wieder hinein. Und wenn ich Hilfe bekomme.

Und, wie gesagt, wenn mir einer helfen kann, dann Andreas.

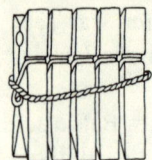

Mady Müller, 25, Architekturstudentin kurz vor dem Abschluß
(= zweite Protagonistin)

Konrad Müller, 56, Bauunternehmer, Vater von Mady

Helmut Geiger, 39, Gründer und Leiter eines Kammerorchesters, das
zunehmend Erfolg hat (offene Rolle)

Emmy Frey, 28, Madys Freundin; findet, Mady sei von zu vielen
Leuten (ihrem Vater, ihrem Verlobten, Andreas) zu sehr abhängig
(offene Rolle)

Wenn die Protagonisten-Rollen feststehen, können die übrigen Rol-
len folgendermaßen verteilt werden:
„Mady" und „Andreas" wählen gemeinsam, wer aus der Gruppe
„Herr Müller" sein soll.

„Andreas" wählt, wer „Helmut" sein soll.

„Mady" wählt, wer „Emmy" sein soll.

Konrad Müller

Du weißt, daß der Dr. Rummenthiel, auch wenn du ihn nicht besonders magst, Einfluß auf Mady hat. Du wirst ihn irgendwie dazu kriegen, diesen Einfluß einzusetzen, daß Mady Heinz heiraten soll. Das ist dir sehr wichtig! Schließlich hast du ein gutgehendes Baugeschäft, und da paßt es hervorragend, wenn Tochter und Schwiegersohn Architekten sind.

Du kannst im Moment nicht gut abschätzen, wie weit Dr. Rummenthiel „käuflich" ist, aber du wirst den Punkt herauskriegen, an dem er schwach wird.

Emmy Frey und Helmut Geiger können ihre Rollen ohne besondere Beschreibung nach Gutdünken spielen.

Andreas Rummenthiel
Der Clou in dem ganzen Durcheinander ist ja, daß Mady eine sehr attraktive Frau geworden ist. Ich kann ihr wohl jetzt nicht mehr um Gotteslohn helfen. *Wenn* ich ihr helfe, werde ich, auch wenn ich mir dabei nicht besonders gefalle, darauf hinarbeiten, daß sie in mir entschieden mehr sieht als nur den väterlichen Ratgeber.


Mady Müller
Ich brauche von Andreas dringend zweierlei:
Er muß mir helfen, daß ich mir darüber klar werde, ob ich Heinz' Antrag annehmen soll.
Und er muß mir einen Schnellkurs im Querflötespielen geben – natürlich nur, wenn die Antwort ja lautet.


Konrad Müller
Ich habe herausgekriegt, daß das Orchester, in dem der Rummenthiel spielt, ins Profilager wechseln will. Ich werde dieses Orchester sehr großzügig sponsern. Dann hab' ich ihn!

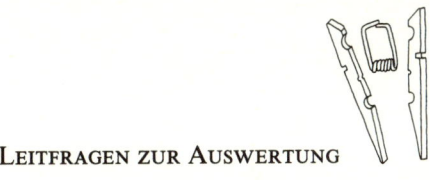

Für die einzelnen Spielerinnen und Spieler:
Wie wichtig nehme ich tatsächlich – nach den Erfahrungen des Spiels – mein Ansehen bei anderen (Mächtigeren)?

Was bleibt, wenn ich von meinen vertrauten Rollen (Kollegin, Ehemann, Mutter, Mitglied...) absehe?

Was bleibt von meiner Identität ohne meine Leistung?

Gibt es („eigentlich unmögliche") Leistungen, für die ich mit einem Stück Leben (wie die Müllerstochter mit ihrem Kind) bezahle?

Für die Gruppe:
Wie geht die Gruppe damit um, daß das Spiel keine „glückliche" Lösung hat?

Falls doch: Wurde jemand, der Unbehagen an dem „Happy End" äußern wollte, „überstimmt"?

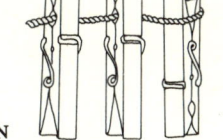

ERWEITERUNGSMÖGLICHKEITEN

Wenn die Gruppe intensiv gearbeitet hat und eine Fortsetzung wünscht, kann sie einen Trainer zu gewinnen versuchen, der Übungen in Gestalt, Transaktionsanalyse (TA) oder Themenzentrierter Interaktikon (TZI) über einen bestimmten Zeitraum leiten kann. Informationen über geeignete Leiter geben die entsprechenden Verbände.

# Rivalität bei Helfern

Es ist eine Eigenart der meisten Helferberufe, daß der einzelne allein arbeitet – also selbst keine Helfer hat. Erzieher, Pfleger, Therapeuten, Sozialarbeiter und Sozialpädagogen, Berater, Seelsorger: Sie alle müssen in ihrer Arbeit normalerweise ohne das unmittelbare Feedback durch Kollegen auskommen. In Arbeitsgemeinschaften, Werkstätten, Büros, auf Baustellen und ähnlichen Tätigkeitsfeldern ist informelle Kontrolle („So mußt du das machen, nicht so!") und Lernen durch Nachahmen selbstverständliche und nützliche Übung. Für den einsamen Helfer läßt oft schon die Anwesenheit einer zweiten Person, die nicht in der Klientenrolle ist, die Situation gekünstelt und belastend erscheinen, denn er verbindet sie aus seiner Erfahrung mit formeller Kontrolle und Bewertung. (Die Lösung, nur zu zweit zu arbeiten wie die Familientherapeuten und viele Gruppenleiter, scheitert in der Praxis meist an den finanziellen Möglichkeiten.) Immer wieder erliegen daher auch erfahrene Helfer der Versuchung, anwesenden Praktikanten oder Berufsanfängern eine „Show" vorzuführen, leider oft zum Nachteil der Klienten, die spüren, daß es nicht um sie als Person, sondern um einen Effekt geht. (Kinder erleichtern ihren „Helfern", den Erziehern, dieses Problem durch ihre größere Natürlichkeit: „vorgeführte" Praxisstunden mit Kindern haben eine gute Chance, ebenso lebendig zu verlaufen wie „normale".)

„Einzelkampf" und formelle Kontrolle scheinen eine — oft verdeckte — Rivalität unter den Helfern zu begünstigen: Was macht der/die andere wirklich? Ist sie beliebter? Biedert er sich an? Was läuft vornherum, was hintenherum?

Mit Erfahrungen und Ängsten in dieser Richtung haben es die folgenden Spiele zu tun. Es geht darum, Rivalität unter Helfern zu erkennen und, wenn nicht zu vermindern, so doch wenigstens gelassener auszuhalten.

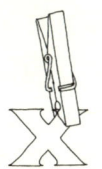

| | |
|---|---|
| Protagonistin: | Heilerziehungspflegerin, Anfang 20, in Streß-situation |
| Mitspieler: | 5 bis 6 |
| Gesamtdauer: | 6 bis 8 Stunden oder länger |
| Schauplätze: | Heim, privater Bereich der Protagonistin |
| Zielgruppe: | Personen, die in Heimen oder ähnlichen Einrichtungen zusammenarbeiten müssen |
| Mögliche Lernziele: | Rivalität innerhalb von Teams im Heim- und Pflegebereich thematisieren (weil es sie tatsächlich gibt). Konstruktive Formen der Auseinandersetzung einüben. |

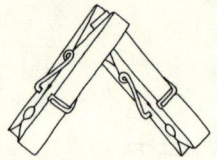

## DIE SITUATION

Das Behindertenheim „Lindenhalde" ist eine mittelgroße Einrichtung der freien Wohlfahrtspflege. Die behinderten Kinder und Jugendlichen sind, wie üblich, in Gruppen zu fünf bis acht Mitgliedern zusammengefaßt, je nach dem Grad der Behinderung. Pro Gruppe arbeiten im Normalfall drei Betreuer(innen), eine(r) davon als verantwortliche(r) Leiter(in). Sandra Simmach, 22, Heilerziehungspflegerin, arbeitet in einer der Gruppen. Sie beschreibt die Situation so:

Diese Woche war wieder so viel los, und dann kam heute mittag auch noch der Streit mit Ruth. Es ging um Timmy. Es hat sehr viel Mühe gekostet, bis wir ihn soweit hatten, daß er alles außer Suppe allein essen kann. Nur heute machte er wieder ein Geschmiere und Geschrei wie früher, es war schlimm. Ich meine, es war klar, er hatte etwas. Ich glaube, daß es auch daher kommt, wenn wir Betreuer uns beim Essen privat unterhalten, daß das für die Kinder doch nicht gut sein kann. Und was macht da die Ruth? Schnappt sich einfach den Timmy und füttert ihn und unterhält sich weiter, wie wenn nichts wäre, und ich habe ja auch mitgeredet, und Bea, die Praktikantin, die gerade den blinden Mike fütterte, auch, über einen Film. Ich habe danach ganz ruhig gesagt, noch am Tisch, daß ich das im Grunde nicht richtig finde. Und daß man einerseits ein Kind nicht verwöhnen darf, indem man ihm abnimmt, was es selbst kann, und andererseits sich ihm gar nicht zuwendet, sondern über es hinwegquasselt.

Wir haben uns dann nachher auf dem Flur richtig angeschrien, weil Ruth das nicht akzeptieren wollte. Ich kann das gar nicht verstehen, schließlich ist sie Erzieherin.

Jetzt fängt das Wochenende an, ich hab' immer noch Timmys Weinen im Ohr, dabei weder Lust hierzubleiben, noch Lust heimzufahren; aber Werner wartet auf mich und will sicher anderes als mein

Klagelied hören, und er hat ja auch eine schwere Woche hinter sich. Und am Montag früh fängt der Dienst wieder an, daran darf ich überhaupt nicht denken.

PROTAGONISTENROLLE

---

Sandra Simmach sagt oder könnte sagen:
Ich übe meinen Beruf, wie man so sagt, mit Leib und Seele aus. Natürlich ist es anstrengend, zehn oder mehr Stunden am Tag Kinder zu betreuen, die total auf einen angewiesen sind, manchmal sich weder selbst anziehen und waschen noch allein essen können oder schubweise so aggressiv sind, daß sie ständig überwacht werden müssen und so weiter. Ich will jetzt nicht zu erzählen anfangen, sonst höre ich nicht so bald wieder auf − es ist also schon anstrengend, und ich freue mich auf meinen Feierabend, mit dem ich auch etwas anzufangen weiß; aber andererseits, wenn ich dann wieder erholt bin, ich könnte mir nicht vorstellen, daß ich etwas anderes mache. Man muß das einmal erlebt haben, wenn ein Kind, das alle aufgegeben haben, manchmal sogar die Eltern, nach vielen geduldigen Versuchen plötzlich einen Fortschritt macht, etwas lernt, das ihm niemand zugetraut hat, und wie es dann strahlt − dafür nehme ich die Anstrengungen schon auf mich.

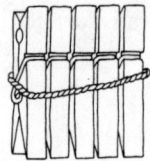

Ruth Toller, Ende 20, Erzieherin, Gruppenleiterin

Andreas Modrath, Mitte 30, Dipl.-Psychologe, Leiter des Psychologischen Dienstes im Heim

Werner Pragmann, Ende 20, Lehrer (Berufsschule), Freund (oder Ehemann) von Sandra

Elsbeth Simmach, Anfang 50, Mutter Sandras, verwitwet

Timmy, 10 bis 12, Heimkind, mehrfachbehindert, kann nur „Jaja" und „Oh" sagen, hat aber ein feines Gespür für Stimmungen und Beziehungen (offene Rolle)

Dr. med Petra (oder Peter) Oberhäuser, zwischen 40 und 55, Dipl.-Psychologin/ge, Mitglied der (dreiköpfigen) Heimleitung. (Es gibt noch einen pädagogischen und einen Verwaltungsleiter, beide zur Zeit nicht erreichbar); an Wissenschaft und effektiveren Methoden zur Rehabilitation Behinderter mehr als an „Kleinkram" interessiert (offene Rolle)

Ruth Toller

Du bist zufrieden mit deinem Beruf und denkst, daß du deine Sache gut machst, auch wenn du dir noch andere Beschäftigungen vorstellen könntest. Du bist keine Anfängerin mehr, hast also zum Beispiel gelernt, dich nicht auffressen zu lassen. Durch deine Tüchtigkeit bist du Gruppenleiterin geworden. Du gibst dir Mühe, mit Sandra auszukommen, obwohl du sie nicht besonders magst: Auf ihre speziellere Ausbildung bildet sie sich wohl etwas ein, und außerdem hältst du sie für besserwisserisch und humorlos.

Andreas Modrath

Du bist auch zuständig für die interne Supervision im Heim, hältst das aber für eine Zumutung, da schon ziemlich viel diagnostische und Gutachtertätigkeit für die Kinder anfällt und du außerdem gerade ein umfassendes Förderkonzept ausarbeiten sollst. Bei schwereren Konflikten unter dem Personal kannst du ausgleichend wirken.

Werner Pragmann

Da du Lehrer bist, kannst du Sandras Probleme (und auch Erfolgsfreuden) im großen und ganzen verstehen. Aber als Gewerkschafter bringst du für Sandras unbezahlte Überstunden kein Verständnis auf. Vielleicht bist du manchmal auch eifersüchtig auf die Heimkinder. Eure gemeinsame Wohnung, die ihr euch zusammen eingerichtet habt, bedeutet dir viel.

Elsbeth Simmach

Du bist stolz auf dein Kind, das einen schweren Beruf so gut meistert. Also ehrlich, wer macht das heute noch, mit Behinderten arbeiten? Allerdings, Sandra ist in Gefahr, sich dabei kaputtzumachen. Sie sollte halbtags arbeiten, das würde auch genügen, und wieder zu Hause wohnen, Platz wäre ja genug, auch mit Familie.

Sandra Simmach
Ich halte Ruth für zu leichtsinnig, um Gruppenleiterin zu sein. Sie sollte von höherer Stelle mal gesagt kriegen, was sie von mir ja nicht annehmen will.

Ruth Toller
Wenn ich's mir genau besehe, dann geht mir die Sandra mit ihrer Meckerei schon tierisch auf den Geist – auch wo sie recht hat. Ich wäre nicht enttäuscht, wenn sie die Gruppe wechseln würde.

Andreas Modrath
Ich hab' im Moment weder Lust noch Kraft, da eine Riesenbeziehungsklärung durchzuziehen. Die Sache wird so einfach wie möglich – notfalls auch ohne mich – erledigt.

Werner Pragmann
Keine geheime Spielabsicht.

Elsbeth Simmach
Sandra sollte schleunigst selbst ein Kind haben, das täte ihr gut. Irgend jemand muß ihr das klarmachen. Vielleicht stecke ich mich ja sogar hinter Werner.

Für die einzelnen Spielerinnen und Spieler:
Wo bin ich selbst besonders anfällig für rivalisierendes Verhalten?

Gab es im Spiel Situationen, in denen ich Mühe hatte, mich abzugrenzen, obwohl ich glaubte, das sei für mich „kein Thema mehr"?

Welches ist „mein" Thema?

Für die Gruppe:
Wird (wurde) in dieser Gruppe rivalisiert?

Gibt es in der Gruppe eine Tendenz, rivalisierendes Verhalten von vornherein abzuwerten – als etwas, das „eigentlich" unter Helfern nicht vorkommen dürfte?

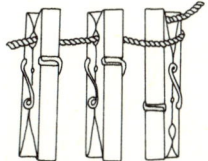

ERWEITERUNGSMÖGLICHKEITEN

Je nach dem aktuellen Gruppenthema, das sich im Spiel gezeigt hat, kann ein weiteres Spiel aus dem Helferbereich, aber auch aus dem Themenkreis „Kompetenz" oder „Autorität" zu vertieftem Lernen anregen.
Dabei sollte aber vermieden werden, daß sich jemand auf einen bestimmten Typ festlegt. Wechsel im „Rollenfach" schärft die Wahrnehmung für die wichtigsten (und oft überraschenden) Handlungsalternativen, die jeder jederzeit hat.

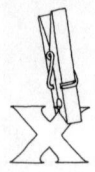

Protagonistin:      Stationsschwester, 27

Mitspieler:        7 bis 9

Gesamtdauer:     8 bis 12 Stunden, eventuell auch länger

Schauplatz:       Klinik

Zielgruppe:       Personal (auch Zivildienstleistende) an Krankenhäusern oder ähnlich arbeitsintensiven sozialen Einrichtungen

Mögliche Lernziele: Streß und Rivalität im Helferalltag als voneinander zu unterscheidende Konfliktursachen wahrnehmen können; mit dem Potential der Gruppe gangbare Wege zur „niederlagelosen" (Gordon 1978) Konfliktbearbeitung finden.

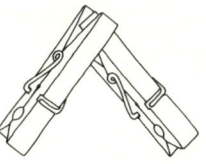

## DIE SITUATION

Am Kreiskrankenhaus Liebenau ist das Personal knapp. Der „arme" Landkreis sperrt sich gegen Neueinstellungen, so daß die Pflegedienstleitung regelmäßig in Schwierigkeiten kommt, wenn mehr als zwei Schwestern oder Pfleger gleichzeitig krank sind. Auch das Erstellen von Dienst- und Urlaubsplänen wird fast zum Schachproblem. Daß die anfallende Arbeit in der zur Verfügung stehenden Zeit kaum bewältigt werden kann und der Freizeitausgleich für Nacht- und Wochenenddienste bei unvorhergesehenen Ereignissen oft „verschoben" werden muß, belastet das ganze Personal. Entsprechend oft wird gekündigt und neu eingestellt.

In der Abteilung 32 (Chirurgie II) wird neuerdings etwas Entlastung spürbar. Der Abteilungspfleger Jürgen Binder hat alte Verbindungen spielen lassen und erreicht, daß die Abteilung einen ZDL (Zivildienstleistenden) zugewiesen bekam. Dieser erwies sich als freundlich und gut motiviert, lernte schnell und packt jetzt bei der Arbeit beherzt zu. Die drei Stationsschwestern reißen sich um ihn.

Zur Zeit tut der ZDL Manfred Pietz auf der Station 322 seinen ganz normalen Dienst, nicht schlechter als zum Beispiel altgediente Schwesternhelferinnen. Mit den Vorbehalten vor allem der älteren Patientinnen gegen eine männliche Pflegekraft geht er taktvoll um, und oft gewinnt er nach einer Weile ihr ganz besonderes Vertrauen.

So ist es an sich nichts Besonderes, daß der ZDL eines Morgens am Bett einer jammernden 79jährigen Patientin sitzt und sie tröstet. Aber dann kommt die Stationsschwester Magdalena Frost herein, schaut ärgerlich und verläßt das Zimmer sofort wieder mit einem gepreßten „Also sowas!" Grund ihres Ärgers: Die Patientinnen sind zwar gewaschen, aber die Betten noch nicht alle gemacht, das Frühstück kommt schon, eine Helferin hat Urlaub, die Schwesternschülerinnen haben ausgerechnet an diesem Tag Schule und die Pflegedienstleitung hat soeben durchgegeben, daß die Chefvisite heute wirklich pünktlich stattfinden soll.

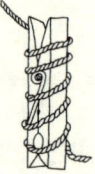

PROTAGONISTENROLLE

---

Magdalena Frost sagt oder könnte sagen:
Ich bin Schwester Lena. Vor einem Jahr stand ich vor der Entscheidung: Wechseln oder bleiben. Eigentlich wollte ich weg, aber da hat mir Frau Volpauer die Stellung als Stationsschwester angeboten. Es ist nicht das Geld (wenig genug!), das mich gereizt hat, sondern die größere Selbständigkeit, das Mehr an Verantwortung. Ich war auch geschmeichelt: Stationsschwester mit 27!
Heute bereue ich die Entscheidung. Es ist einfach zuviel! Wenn ich vom Dienst nach Hause komme, bin ich viel zu kaputt, um noch Pläne machen zu können. Und natürlich brauchen die mich auch am KKL, ich meine, es ist nicht fair, wenn ich jetzt gehe, wo eh' schon so viel Wechsel ist. Andererseits: Was passiert, wenn ich dem Streß nicht mehr gewachsen bin?
Also, mindestens meinen Jahresurlaub möchte ich jetzt endlich haben!

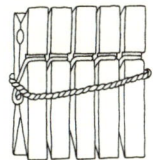

Manfred Pietz, 20, Zivildienstleistender

Jürgen Binder, 31, Abteilungspfleger; sucht Anerkennung

Frau Volpauer, 51, Leiterin des Pflegedienstes; sachlich, streng

Frau Weiner, 79, Patientin; etwas wehleidig, vereinsamt

Pia Helffrich, 25, diplomierte Schwester; eher der Helfertyp

Elke Schaffrath, 28, diplomierte Schwester; eher der Leistungstyp

Offene Rollen bei Bedarf:
Dr. Schlichter, Oberarzt, auf Ausgleich bedacht, zum Beispiel in der onkelhaften Variante

(Dr.) Tanja Rewol, Medizinerin im Praktischen Jahr (PJ), kritisch gegenüber den „Zuständen" am KKL, zum Beispiel anklagend gegen Staat, Öffentlichkeit, Gesellschaft usw.

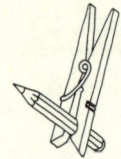

Manfred Pietz
Du bist zur Zeit Zivildienstleistender, schon seit sechs Monaten
übrigens und noch für weitere vierzehn Monate. Abgesehen von der
langen Dienstzeit macht dir die Arbeit hier am KKL Spaß. Nein,
Spaß ist nicht ganz das richtige Wort; besser ist: Du findest es sinnvoll, was du machst. Was dich selbst überrascht (weil es anders ist,
als es in der Schule war): Du stehst hier, wenn du Frühdienst hast,
ganz selbstverständlich um fünf Uhr auf, und Überstunden hast du
schon mehr, als du am Stück abfeiern darfst. Die Leute hier findest
du o. k., aber alle im Streß, das drückt aufs Klima. Du hättest es verstanden, wenn Lena dich noch mehr angemeckert hätte. Ob du es dir
allerdings (noch einmal) gefallen läßt, ist eine andere Frage.


Jürgen Binder
Da der Pflegedienst immer noch überwiegend von Frauen versehen
und auch organisiert wird, hast du etwas Mühe, dich deinen drei Stationen gegenüber als Koordinator durchzusetzen. Manchmal hast du
den Eindruck, daß die Stationsschwestern lieber gleich zu Frau Volpauer gehen, der Leiterin des gesamten Pflegedienstes, die deine
unmittelbare Chefin ist.
Zum Beispiel jetzt in dieser Sache mit dem ZDL, den schließlich
du an Land gezogen hast. Daß der Manfred als Mitarbeiter und
Mensch in Ordnung ist, das ist zwar nicht dein Verdienst, aber ohne
dich wäre eben überhaupt keiner da. Nur solltest du ihn einsetzen
dürfen, denn du hast schließlich den Überblick, in welchen Stationen
er am dringendsten gebraucht wird. Daß er in Lenas Station jetzt
noch Zeit hat, den Seelendoktor zu spielen, ist doch auch ein Beweis
dafür, daß er woanders — zum Beispiel in der 321 — besser eingesetzt wäre.

**Frau Volpauer**

Du bist Anita Volpauer, Pflegedienstleiterin, verwitwet, 51 Jahre alt, zwei Kinder (Sohn, 24, und Tochter, 19). Deine Aufgabe ist es, alle Personalangelegenheiten im Pflegebereich zu regeln. Somit stehst du zwischen der Klinikleitung und dem Pflegepersonal, von beiden mißtrauisch beäugt und traditionell schlecht behandelt. Du hast diesen Job nicht von jeher angestrebt, beklagst dich aber jetzt auch nicht, denn gewählt hast du ihn schließlich schon. Die beste Strategie, um dich hier zu behaupten und zu erreichen, was nötig ist, besteht in strengster Sachlichkeit nach beiden Seiten. Du bist stolz darauf, daß dich hier noch niemand hat schreien oder gar weinen sehen.

Der Herr Binder ist ein tüchtiger Pfleger, aber er kommt dir etwas unreif vor. Schwester Lena macht dir zur Zeit Sorgen. Der Manfred hat sich hier recht gut eingeführt, er ist eine ernst zu nehmende Kraft, obwohl er keine Ausbildung hat, dazu freundlich und nett. Manchmal fällt dir ein, daß er gleich alt ist wie deine Jüngste.

**Frau Weiner**

Nächstes Jahr wirst du achtzig („wenn Gott will", sagst du immer). Im Moment fühlst du dich leidend. Der Herr Doktor hat dir eigentlich fest versprochen, daß nach der Operation das mit der Hüfte wieder gut wird, aber die Schmerzen hören und hören nicht auf, und diese jungen Ärzte und Schwestern sind alle so gleichgültig. Wie dann auch noch dieser junge Mann dich waschen sollte und so weiter, war dir das zuerst gar nicht recht, aber jetzt ist er der einzige, der sich ein bißchen um dich kümmert und dich versteht. Er macht dir Mut und tröstet dich, was wichtig ist, da du wenig Besuch bekommst.

**Pia Helffrich**

Du bist Schwester Pia. Das KKL ist – abgesehen von der Ausbildung – deine erste Stelle; aber eines weißt du sicher, hier bleibst du nicht lange. An deinem Ausbildungskrankenhaus ging es zwar auch nicht gerade gemütlich zu, aber eine solche Hektik wie hier war dort entschieden nicht!

Daß der Manfred Patientinnen tröstet, während die Betten noch immer nicht gemacht sind, das ist echt nicht so gut, aber du verstehst ihn, er als ZDL kann sich das noch am ehesten leisten, und hier kümmert man sich sowieso viel zu wenig um die Patienten. Früher hast du ja auch die längste Zeit mit den Patienten geredet, aber das geht auf die Dauer echt nicht. Außerdem weißt du seit jenem tollen Supervisionswochenende (Ach, wie lange ist das schon wieder her!), daß du das Neinsagen lernen mußt. Aber: Wenn die Lena jetzt bei der Besprechung wegen Manfred echt meckern will, dann kriegt sie von dir höchstwahrscheinlich Contra.

## Elke Schaffrath

Du bist eine von den (viel zu wenigen!) diplomierten Schwestern hier. Du hast deine Arbeit ordentlich gelernt, und du machst sie auch ordentlich. Das Krankenhaus spart mit den Schwesternhelferinnen, zum Teil auch mit den Schülerinnen und besonders mit den Zivis, eine Menge Geld, und wer hat die zusätzliche Mühe? Du und die anderen Diplomierten. Das nimmt niemand zur Kenntnis.

Du findest: Wenn Kriegsdienstverweigerer schon in der Pflege arbeiten wollen, dann aber möglichst richtig, also so, daß sie euch wirklich entlasten. Bettenmachen, Schränkchen putzen, Pfannen schleppen, Flaschen leeren, das muß sein, aber ihr seid schießlich für anspruchsvollere Sachen qualifiziert.

Psychiater spielen sollten nach deiner Meinung weder die Schwestern noch die Helfer. Das geht gar nicht gegen Manfred persönlich; du meinst das grundsätzlich, und wenn dich überhaupt jemand um deine Meinung fragt, dann wirst du sie auch offen sagen.

Für Gruppen, die das Spiel wählen, ohne daß sie direkte Erfahrungen im Krankenhausbereich haben, ist die Kenntnis der Pflegediensthierarchie hilfreich:

| | |
|---|---|
| Pflegedienstleitung ↓ | nur Verwaltung, hauptamtlich, alle Personalfragen |
| Abteilungsschwester oder -pfleger ↓ | Pflege und zusätzlich Koordination der Abteilungen (mehrere Stationen) |
| Stationsschwester oder -pfleger ↓ | Pflege und zusätzlich Koordination in einer Station |
| Examinierte Schwestern ↓ | Pflege, besondere Zuständigkeiten, zum Beispiel Medikamentenausgabe |
| Schwesternhelferinnen; Schülerinnen | Pflege, außer den Verrichtungen, die den Diplomierten vorbehalten sind; |
| Zivildienstleistende | Mädchen (Jungen) für alles |

Schwester Lena (Magdalena Frost)
Ich wäre eigentlich ganz froh, wenn mir die Entscheidung durch ein
Ereignis (zum Beispiel Krankheit) oder durch eine Person (zum Beispiel einen total unerträglichen Mitarbeiter, der mich zum Wechsel
„zwingt") abgenommen würde.

Manfred Pietz
Ich will mir die Möglichkeit, mit Patienten auch mal ausgiebiger zu
reden, nicht abhandeln lassen, aber sie auch nicht mit Überstunden
bezahlen. Diese Linie würde ich gern ohne Konflikte verfolgen, aber
notfalls auch mit, wobei ich auf die Sympathie von Frau Volpauer
zähle.

Jürgen Binder
Ich muß gegenüber der Pflegedienstleitung an Einfluß gewinnen!

Frau Volpauer
Ich werde diskret die schützende Hand über den ZDL halten, ich mag
den Jungen. Und Schwester Lena muß entlastet werden, vielleicht
versetze ich sie in eine „leichtere" Station.

Frau Weiner
Ich werde den Herrn Oberarzt bitten, daß er mir Manfred so oft wie
möglich schicken soll, dann werde ich auch gesund. Sonst dauert es
nämlich noch ewig, und das kann der Herr Doktor ja nicht wollen.

Schwester Pia (Pia Helffrich)
Ich bin so richtig in Stimmung, mal gewaltig Dampf abzulassen, die ganze Scheiße hier am KKL mal beim Namen nennen – und dann kündigen!

Schwester Elke (Elke Schaffrath)
Manfred soll – von möglichst weit oben, am besten von Frau Volpauer – auf seine handfesten Arbeiten verpflichtet werden, damit die Diplomierten wirklich entlastet sind.

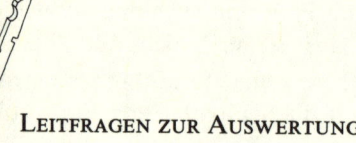

## LEITFRAGEN ZUR AUSWERTUNG

Für die einzelnen Spielerinnen und Spieler:
Mit wem habe ich mich – zunächst vielleicht, ohne es zu merken – spontan identifiziert?

Wen habe ich – ebenso – spontan abgelehnt? Will ich darüber mit den Betroffenen sprechen?

„Ich bin im Streß": Wer verantwortet das – ich oder andere? Wofür brauche ich Streß? (Suche drei gute Gründe!)

Für die Gruppe:
Welche Gefühle „darf" man in dieser Gruppe äußern, welche nicht? (Gruppennorm)
Gibt es eine (stille) Übereinkunft in der Gruppe, daß Streß sozial mehr erwünscht ist als Rivalität?

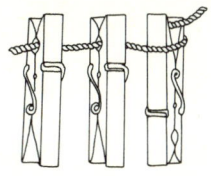

Neben Streß und Rivalität ist auch das „Helfersyndrom" (Schmidbauer 1977a) ein wichtiges Thema für Personen, die pflegend, betreuend oder sonstwie helfend tätig sind. Darum geht es in den Kleinen Planspielen „Hilfe rund um die Uhr" und „Hilfe, ich bin Helfer".

Zur Vertiefung dieser Thematik eignen sich auch ausgesuchte gruppendynamische Übungen, wie sie unter anderem bei Antons (1974) oder Vopel (1975 ff.) vorgeschlagen werden.

# Identität in der Krise

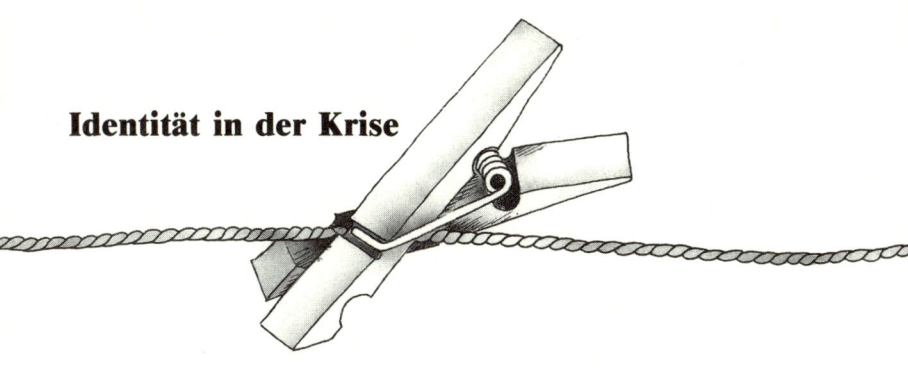

Identität, also Eigen-Art, und Krise gehören zusammen. Eine bestimmte Gestalt, auch wenn sie nur vorläufige Gültigkeit hat, entsteht immer durch eine Krise. Die Krise ist auch eine Gestaltungskraft, das haben die Entwicklungspsychologen oft genug betont. Fritjof Capra (1982, 21) hat darauf hingewiesen, daß im Chinesischen das Wort „Krise" durch die beiden Schriftzeichen für „gute Gelegenheit" (Chance) und „Gefahr" dargestellt wird. Wird die Gelegenheit ergriffen und die Gefahr gleichzeitig bewältigt, so entsteht eine veränderte Gestalt. Die Identität wird nicht neu, so als entstünde ein anderer Mensch, aber sie wird erweitert, enthält alle bisherigen Stadien, Chancen und Gefahren in sich und ist doch mehr als deren bloße Aneinanderreihung.

Die Spielvorschläge zu diesem Themenkreis betreffen exemplarisch Krisen im Werden der Identität junger Menschen. Wenn Erwachsene solche Rollen spielen, können sie gleichzeitig etwas über ihr eigenes Muster und über dessen Einfluß auf ihren Umgang mit Kindern und Jugendlichen erfahren. Im dritten Spiel erscheinen die Krisen eines Erwachsenen und eines Kindes (Vater und Sohn) aufeinander bezogen und gleichzeitig hinter dramatischen äußeren Abläufen versteckt. Hier empfiehlt es sich besonders, daß die Mitspieler während des Spielprozesses — eventuell mehrmals — die Rollen wechseln oder tauschen. So können sie besonders gut wahrnehmen, welche Gefühle der lebendige Krisenablauf in ihnen auslöst. Und der schützende Rahmen der Gruppe kann ihnen helfen, länger und mit weniger Abwehr oder Angst als sonst bei diesen Gefühlen zu bleiben, um sie näher zu betrachten.

Gewünschtes Resultat ist wie immer: lebendiges Lernen.

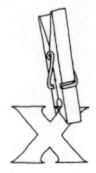

Protagonistin:        Schülerin, 17, in Identitätskrise

Mitspieler:           4 bis 6

Gesamtdauer:          6 bis 10 Stunden

Schauplatz:           privater Bereich

Zielgruppe:           Personen, die mit Beratung oder Erziehung von
                      Jugendlichen zu tun haben

Mögliche Lernziele:   Erzieher und Berater (etwa in Institutionen, die
                      mit der Beratung von Jugendlichen und Fami-
                      lien zu tun haben) können durch Erleben (bis
                      hin zur Identifikation) noch besser lernen, wel-
                      che Haltungen, Einstellungen und − in zweiter
                      Linie − Strategien oder Techniken förderlich
                      für den Problemlösungsprozeß bei ratsuchen-
                      den Jugendlichen sind.

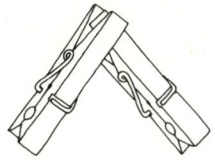

## DIE SITUATION

Am Rande der Stadt lebt in einem Reihen-Eckhaus Frau Hildegard Resing, geborene Veil, mit ihrer Tochter Sibylle. Herr Resing, Dr. rer. pol., Inhaber eines großen Steuer- und Unternehmensberatungsbüros, lebt von seiner Frau getrennt (ohne formelle Scheidung) und unterhält die Familie (auch den in Berlin studierenden Sohn Hanno) recht großzügig.

Sibylle besucht das örtliche Gymnasium in der Klasse 11. Im letzten Halbjahr der Klasse 10 sind die Noten allgemein sehr viel schlechter geworden; Sibylle wurde nur knapp versetzt, nachdem sie noch am Ende von Klasse 9 einen Preis für gute Leistungen erhalten hatte.

Geschehen ist folgendes:

Sibylle hat mehrfach gegenüber ihrer Mutter geäußert, daß sie die Schule aufgeben wolle. Sie hat auch einmal (bei einem zufälligen Treffen auf der Straße) Karin Kelp, ihre frühere Grundschullehrerin, allgemein nach Alternativen zum Abitur gefragt.

Die Mutter ist strikt gegen Schulwechsel, der Vater noch nicht informiert.

An einem Abend Anfang September nimmt Sibylle, allein zu Hause, vier Valiumtabletten und trinkt Alkohol dazu. Dann ruft sie – schon leicht lallend – ihren Onkel, der Arzt ist, an und sagt, sie habe „eine Dummheit gemacht", nämlich „ziemlich viel geschluckt", aber er solle sie nur in Ruhe lassen. Der Onkel kommt sofort, macht sich umsichtig ein Bild von der Situation und entscheidet dann, daß es ausreicht, Sibylle ein Brechmittel und eine Kreislaufspritze zu geben. Ziemlich in Zeitdruck, geht er nach einer Stunde wieder. Sibylle nimmt ihm das Versprechen ab, der Mutter nichts zu sagen. Allgemein vereinbaren beide eine „gründliche Aussprache". Die steht noch aus.

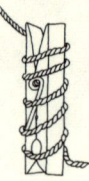

## PROTAGONISTENROLLE

Ich bin Sibylle. Mir geht zur Zeit so ziemlich alles schief. Eine gute
Schülerin will ich allerdings auch nicht sein. Das Zeug, das wir in der
Schule lernen, macht keinen Unglücklichen glücklich und verhindert
weder Krieg noch Hunger in der Welt.
Vielleicht frage ich Onkel Rainer, ob ich bei ihm Sprechstundenhilfe
werden kann. Aber auch wenn ich dann Geld verdiene, ziehe ich
wohl nicht mit Jürgen zusammen. Ich weiß gar nicht, ob ich ihn überhaupt liebe. Ich muß einfach raus hier. Nach Berlin gehen und in
einem besetzten Haus wohnen? Ich warte noch, was Karin sagt, wenn
sie sich wegen der Fachhochschulreife erkundigt hat, und dann
mache ich mit der Schule Schluß, auch wenn Mutti ausflippt. Schluß
machen am besten mit allem, auch mit Jürgen, und überhaupt. So
wie bisher, nee, so auf keinen Fall.

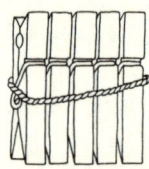

## WER NOCH BETEILIGT IST

Hildegard Resing, 42, Mutter von Sibylle
Dr. med. Rainer Veil, 34, Bruder von Hildegard Resing, Onkel von
Sibylle
Jürgen, 19, Freund von Sibylle
Karin Kelp, 32, Nachbarin, von Beruf Lehrerin
Dr. rer. pol. Armin Resing, 46, Vater (offene Rolle)
Hanno Resing, 20, Bruder (offene Rolle)

Hildegard Resing
Von dir selbst sprichst du nicht gern. Deine Tochter Sibylle macht dir
zur Zeit große Sorgen. Sie war noch nie sehr mitteilsam, aber jetzt ist
sie völlig verschlossen. Du kommst nicht mehr an sie ran. Das ist um
so bitterer, als du ganz allein die Verantwortung trägst, weil ja dein
Mann euch im Stich gelassen hat.
Manchmal denkst du, du hättest alles falsch gemacht. Du wirst jetzt
mit allen Mitteln zu verhindern suchen, daß Bille diesen Blödsinn
macht und von der Schule abgeht.
Es ist so schlimm, daß heutzutage jeder mit seinen Sorgen allein ist
und man kaum noch irgendwo Verständnis oder gar Hilfe findet.
Auf jeden Fall kann ein junger Mensch heute ohne anständigen
Schulabschluß nichts mehr erreichen.


Dr. Rainer Veil
Du hast dir soeben aufgebaut, was du schon immer wolltest: eine
Praxis als Allgemeinmediziner.
Du hast: Patienten genug, in Kürze ein schuldenfreies Haus, eine
Frau und zwei Kinder, die du viel zu selten siehst.
Du hast nicht: Zeit für dich selbst, Zeit für die Familie, zum Lesen,
zum Ausspannen. Selbst das Hobby muß sorgfältig geplant werden.
Du magst Bille ganz gern, obwohl du eigentlich mit Teenagern nicht
so sehr viel anfangen kannst. Aber du möchtest nicht ihr Ersatzvater
sein. Daß sie sich jetzt an dich hängen könnte, paßt dir nicht so recht.
Vielleicht solltest du Hildegard einen guten Jugendpsychiater emp-
fehlen.

Jürgen

Du bist knapp 19, im zweiten Lehrjahr als Bankkaufmann. Es macht dir etwas aus, daß du nur Realschulabschluß hast, obwohl Sibylle sagt, das sei Quatsch. Du hast Sibylle (die du „Süpfi" nennst) sehr gern, es ist dir aber im Moment nicht recht klar, was sie eigentlich hat.

Vielleicht hast du Zukunftspläne, vielleicht fällt dir im Laufe dieses Tages ein, wie Süpfi zu helfen wäre – falls du merkst, daß sie Hilfe braucht.


Karin Kelp

Du bist Grundschullehrerin und wohnst in der Nachbarschaft. Sibylle war vor etwa acht Jahren deine Schülerin, und du hast sie mit voller Überzeugung auf das Gymnasium empfohlen. Du magst Sibylle noch heute und spürst ihre Hilflosigkeit. Du würdest ihr sehr gern helfen, wenn du wüßtest, wie.

Vielleicht hast du Erfahrung in der Jugendarbeit (kirchlich oder politisch?), vielleicht bist du Beratungslehrerin?

Fülle die Rolle nach Belieben selbst und greife ins Geschehen ein, wenn du es für richtig hältst.

**Sibylle Resing**
Ich werde mir ganz bestimmt nicht das Leben nehmen, ich bin doch nicht blöd! Aber diese dauernde total muffige und runterziehende Stimmung zu Hause nervt mich total. Ich will raus, ausziehen, sobald wie möglich, spätestens, wenn ich achtzehn bin, und irgendwas machen, was *ich* gut finde.

**Hildegard Resing**
Ich fühle mich restlos überfordert und sehe sehr deutlich, daß mich alle im Stich lassen; wirksame Hilfe habe ich wohl weder von Armin noch von Rainer zu erwarten.
So werde ich nun auf eigene Faust ein gutes Internat für Bille suchen und sie, wenn ich dort die Zusage habe, ohne Diskussion mit irgendwem da hineinstecken. Vor vollendete Tatsachen gestellt, wird Armin wie immer die Kosten übernehmen, wenn er nur seine Ruhe hat.

**Rainer Veil**
Das Hemd ist mir näher als der Rock. Meine eigene Familie geht vor, und wir werden, wie geplant, übermorgen in Urlaub fahren. Wegen des Jugendpsychiaters rufe ich Hildegard heute noch an.

Jürgen und Karin Kelp haben keine geheime Spielabsicht.

LEITFRAGEN ZUR AUSWERTUNG

Für die einzelnen Spielerinnen und Spieler:
Wie weit kann ich Sibylles Haltung akzeptieren? Welche Ermahnungen für sie sind mir spontan eingefallen?

Was hat mich – im Spiel oder beim Nachdenken – mehr beschäftigt: Sibylles Lage zu verstehen oder Schuldige dafür verantwortlich zu machen?
Wie fühlt sich *jetzt* die Spielerin der Protagonistenrolle?

Für die Gruppe:
Wie stark ist (war) die Versuchung, in einer *Diskussion* die „richtige" Lösung zu erörtern, anstatt zu spielen? Was wurde (wird) aus dieser Versuchung gemacht?
Wie geht die Gruppe mit der Tatsache (Möglichkeit) um, daß *keine* durchweg befriedigende Lösung gefunden wurde?

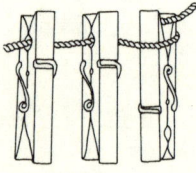

## ERWEITERUNGSMÖGLICHKEITEN

Falls sich das Thema „Identitätskrise" für die Gruppe auch über die Jugendkrise der Protagonistin hinausgehend als allgemein bedeutungsvoll erwiesen hat, kann das Spiel „Ach wie gut, daß niemand weiß" den Lernprozeß weiterführen.
Vielleicht ergibt sich auch aus der Besprechung auf der „Meta-Ebene" ganz organisch eine Selbsterfahrungsrunde, in der die erfundene Rolle zurücktritt und das gelebte Ich in den Vordergrund rückt. In diesem Fall kann sich die Gruppe zu einem neuen Termin verabreden, bei dem ausreichend Zeit zur Verfügung stehen sollte. Eine Selbsterfahrungsrunde durch Überziehen der Zeit an das beendete Planspiel ohne klare Vereinbarung anzuhängen, hat sich als unproduktiv erwiesen.

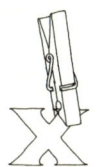
| | |
|---|---|
| Protagonistin: | Schülerin (14) mit Selbstwertproblemen |
| Mitspieler: | 5 bis 8 |
| Gesamtdauer: | 6 bis 12 Stunden |
| Schauplatz: | Schule (s. unten) |
| Zielgruppe: | Jugendliche und Erwachsene, die in oder mit Gruppen arbeiten |
| Mögliche Lernziele: | Vorbereitung auf Integration von Außenseitern; Verständnis und Kooperation in der Gruppe fördern; Annäherung an den eigenen „inneren Außenseiter". |
| Besonderheit: | Der Schauplatz ist mit Absicht als eine real nirgends so existierende Schule gewählt; so bleibt deutlich, daß der Spielentwurf nicht auf ein spezielles Schulproblem zielt. Das Planspiel ist so angelegt, daß alle Rollen von Jugendlichen übernommen werden können (zum Beispiel in einer Jugendfreizeit). Erwachsene können aber gut mitspielen; altersgemischte Gruppen kommen durch Plan- oder Rollenspiele erfahrungsgemäß besonders leicht in eine offene Gesprächshaltung. |

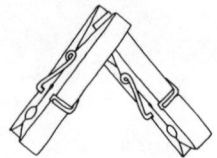

Zu Beginn der Italienischstunde in Klasse 7n fällt Frau Guthwil, der Lehrerin, auf, daß Anja verheult aussieht. Als sie Anja daraufhin anspricht, läuft diese schluchzend aus dem Zimmer. Niemand folgt ihr. Frau Guthwil fragt in der Klasse nach und erfährt, daß in der Stunde zuvor eine Griechischarbeit zurückgegeben wurde. Anja hatte die Note 6, und der Lehrer sagte außerdem zu ihr: Du wirst es nie schaffen, weil du nicht nur schwer von Begriff bist, sondern auch noch stinkfaul.

Darüber wurde in der Klasse gelacht, besonders bei dem Wort „stinkfaul". Frau Guthwil, die das nicht versteht, fragt weiter.

Uwe sagt: Es haben noch lange nicht alle gelacht, es waren fast nur die Mädchen links in der Fensterecke (Petra, Trixi und Manuela).

Manuela sagt: Die Arbeit war diesmal ganz leicht, es gab sonst keine Sechsen.

Trixi sagt: Es war so lustig, wie der Heuler − ich meine, Herr Heil − „stinkfaul" sagte, die Anja stinkt nämlich echt, das weiß jeder, der schon mal neben ihr sitzen mußte.

Frau Guthwil fragt, ob jemand Anja suchen und wieder hereinholen möchte. Niemand meldet sich. Daraufhin macht die Lehrerin während der ganzen Stunde Grammatik in strengem Stil.

Wichtige Angaben zur Schule: Es ist eine weiterführende („höhere") Schule mit über 1000 Schülern (Mädchen und Jungen, ca. 50:50). Astronomie und Griechisch sind Hauptfächer, Italienisch ist Nebenfach.

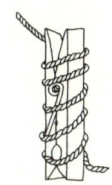

PROTAGONISTENROLLE

Ich bin Anja, aber wen interessiert das! Ich habe keine Freundin; in der Klasse mögen mich die meisten nicht, meine Eltern haben fast nie Zeit für mich, und jetzt schimpfen sie noch dauernd, weil nun auch die Noten schlecht werden.

Ich weiß nicht, was ich tun soll. In mein Tagebuch habe ich geschrieben, daß, wenn das das Leben ist, daß ich dann eigentlich lieber nicht leben möchte. Aber sagen kann man das natürlich nie und zu niemandem.

Was mich vielleicht noch eine Weile am Leben hält, ist, daß ich jemanden liebe. Aber sein Name wird nie über meine Lippen kommen, und aufschreiben würde ich ihn erst recht nicht, höchstens in den Sand am See-Ufer, wenn ich dort im Regen allein bin.

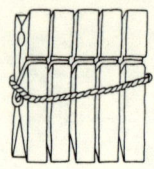

Frau Luser, 33, Mutter von Anja, arbeitet in einer Schuhfabrik

Herr Dr. Heil, 30, genannt der Heuler, Griechischlehrer

Frau Guthwil, 52, genannt Gutter, Italienischlehrerin

Petra, 15, Schülerin, schon mal sitzengeblieben, kritisch

Trixi, fast 14, heimlicher Chef der Klasse

Herr (oder Frau) Gengler, 38, Klassenlehrer(in), unterrichtet Astronomie (offene Rolle)

Manuela, fast 15, gut in Griechisch, Freundin von Petra (offene Rolle)

Uwe, 14, einziger von den Jungen, der gelegentlich den Mund aufmacht (offene Rolle)

BESCHREIBUNG DER ROLLEN

**Frau Luser**

Du bist Margarete Luser, geborene Klein. Als du knapp neunzehn warst, hast du geheiratet, da war Anja schon unterwegs. Seither hat die Plackerei nicht aufgehört. Du mußtest deine Lehre als Schaufensterdekorateurin abbrechen; später bist du dann in die Fabrik gegangen, schließlich muß heutzutage die Frau dazuverdienen. Dein Mann verdient zwar als Monteur nicht schlecht (ist halt nur viel unterwegs), aber mit dem doppelten Einkommen konntet ihr so einigermaßen das Haus bauen. Das war nur unheimlich viel Arbeit, weil ihr viel selbst gemacht habt, nach Feierabend und an den Wochenenden, und ihr habt auch noch auf Jahre hinaus abzuzahlen. Dafür hat jedes Kind sein eigenes Zimmer, und ihr könnt machen, was ihr wollt, niemand reklamiert wegen Lärm und so. Anja hat noch drei Brüder, zwölf, sechs und zwei Jahre alt.

Du machst dir Sorgen wegen Anja in der Schule. In der vierten Klasse hatte sie nur Einsen und Zweien, und jetzt auf einmal „Versetzung gefährdet!" Dabei hat die Grundschullehrerin gesagt, die *muß* aufs Gymnasium.

Du weißt überhaupt nicht mehr, was du machen sollst.

**Herr Dr. Heil**

Du bist dir bewußt, daß du an der Schule kein populäres Fach vertrittst. Darauf kommt es dir auch nicht an. Wichtiger ist dir, daß dein Fach geistige Ansprüche stellt. Die Auseinandersetzung mit dem Griechischen führt unweigerlich zu einer Trennung in Spreu und Weizen, also in Ungeeignete und Geeignete. Das ist völlig anders als zum Beispiel im Italienischen.

Anja Luser gehört deiner Meinung nach zu den Ungeeigneten. Es fehlt ihr nicht nur an Begabung, sondern auch am guten Willen. Daraus sollten die Eltern die Konsequenzen ziehen. Du willst das aber nicht als persönliches Werturteil über die Schülerin verstanden wissen. Sie mag durchaus ihre menschlichen Qualitäten haben und überdies, was zu berücksichtigen ist, im Augenblick wohl auch entwicklungsbedingte Probleme, aber damit kannst und darfst du dich als Fachlehrer nicht befassen. Anja sollte auf eine Schule wechseln, die ihrer Eignungsstruktur gemäß ist.

## Frau Guthwil

Du hast das Gefühl, daß diese 7 n so ziemlich die schwierigste Klasse ist, die du in 24 Dienstjahren hattest. Soviel Intrige, Strebertum und unsoziales Verhalten bei so jungen Mädchen! Ja, du hast jetzt wohl nicht zufällig nur an die Mädchen gedacht, obwohl die Klasse aus siebzehn Mädchen und zwölf Jungen besteht. Spielen die Jungen keine Rolle, oder beachtest du sie zu wenig oder die Mädchen zu viel oder beides?

Wahrscheinlich könnte man sogar pädagogisch noch was machen, die Kinder sind nicht eigentlich schlecht, an manchen Tagen können sie richtig lieb sein, dann helfen sie einander oder stellen Blumen aufs Pult. Aber wenn du in drei Stunden pro Woche den Stoff durchbringen sollst – und das bei dreißig Schülern –, dann bleibt für pädagogisches Einwirken wenig Zeit. Anja ist im Moment das größte Problem. Du bist ratlos.

## Petra

Du findest es echt gemein von der Gutter, daß die da einfach eine Stunde Grammatik macht, bloß weil der blöden Anja der Topf übergelaufen ist. Könnt ihr in der Klasse was dafür, daß der ihre Alten nicht ganz richtig ticken und bei schlechten Noten gleich Terror machen? Oder seid ihr schuld, daß der Heuler ein total sadistischer Pauker ist? (Seinetwegen bist du übrigens letztes Jahr auch hängengeblieben.)

Die Schule überhaupt kotzt dich total an; du findest es auch schwachsinnig, wie die Gutter immer einen auf Harmonie macht, wo's doch in Wirklichkeit nur drum geht, daß einer den anderen fertigmacht.

Du sorgst einfach dafür, daß dich niemand fertigmacht, und die Anja muß selber sehen, wie sie klarkommt. Du läßt sie jedenfalls in Ruhe, wenn sie dich in Ruhe läßt.

Trixi

Wenn du ganz ehrlich bist, dann mußt du zugeben, daß du gestern was Wichtiges geblickt hast. Wie nämlich die Gutter fragte, wer von euch geht und die Anja wieder reinholt, was da passiert ist. Du hast es dir selbst nämlich echt einen Moment überlegt, und da guckten die Manu und die Petra so fragend zu dir rüber. Da hast du gegrinst und dir an die Stirn getippt. Und da hat sich dann niemand gemeldet. Es bleibt ein irgendwie blödes Gefühl. Was wäre gewesen, wenn du genickt hättest oder selber gegangen wärst?

Was die Gutter dann gemacht hat, findest du total unpädagogisch. Okay, wenn sie Krieg will! Heute werdet ihr alle die ganze Stunde auf ihr Doppelkinn starren. Sonst macht ihr alles, was sie sagt, nur dabei dauernd auf ihr Doppelkinn starren. Wenn sie ausflippt, ist wenigstens „Äcktschn".

Anja Luser
Am liebsten möchte ich eine Freundin finden, ganz allein für mich. Es ginge mir sicher viel besser, wenn mich einmal ein Mensch versteht. Ich weiß aber nicht, wie ich das erreichen kann.

Frau Luser
Ich muß jemanden finden, der mir raten kann. Bisher klappte am Ende immer alles irgendwie, Ehe, Haus und so, bloß mit Anja jetzt, und daß es falsch ist, wie Otto es mit Schimpfen und sogar Schlägen versucht, aber wie soll man es denn sonst machen? Die Lehrer mag ich auch nicht mehr fragen, bei denen komme ich mir immer so blöd vor. Hoffentlich gibt sich alles von alleine wieder.

Herr Dr. Heil
Ich will das schlechte Gewissen, das ich Anjas wegen tief im Inneren habe, loswerden. Schließlich trifft mich ja wirklich keine Schuld.

Frau Guthwil
Ich muß den Kollegen und auch Familie Luser erklären, daß ich das Problem in der Klasse klar sehe, aber nicht schuld daran bin. Wenn ich Zeit hätte, würde ich mehr für die Klasse tun! Was macht denn die Klassenlehrerin?

Petra
Ich will meine Ruhe und in der Schule keinen persönlichen Ärger haben. Es gibt schon genug Schulärger. Ich will auch nicht, daß die Manu sich in den Anja-Scheiß irgendwie reinziehen läßt.

Trixi
Mit dem Heuler würde ich nie Frieden schließen, mit der Gutter vielleicht schon. Je nachdem, was sie macht.

Für die einzelnen Spielerinnen und Spieler:
Schülerrollen: Wie ging es mir beim Spielen? Was habe ich *hinter* dem Spaß an der Rolle in mir wahrgenommen?

Lehrerrollen: Wie war für mich das Gefühl der Macht? Wechsel zwischen Macht- und Ohnmachtsgefühlen?

Protagonisten- und Mutterrolle: Wünsche ich mir *jetzt* etwas von der Gruppe?

Für die Gruppe:
Es hat vermutlich viel „Äktschn" und hoffentlich genug zu lachen gegeben. Falls ja, ist der Lerneffekt sicher eingetreten. Falls nein, gibt es jetzt auch nichts mehr zu erörtern. Wie wär's, wenn die Gruppe dann, je nach Jahreszeit, spazieren oder schwimmen ginge oder eine Schneeballschlacht machte?

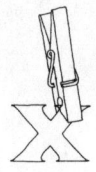

| | |
|---|---|
| Protagonist: | Vater eines 13jährigen Jungen, dessen Verhalten auffällig ist. |
| Mitspieler: | 8 |
| Gesamtdauer: | 8 bis 12 Stunden |
| Schauplätze: | Schullandheim, Familienwohnung, Beratungsstelle |
| Zielgruppe: | Berater, die sich mit Problemen von Kindern, Jugendlichen und Familien befassen |
| Mögliche Lernziele: | Professionelle Berater, zumal systemorientierte, haben sich mit gutem Grund jede Identifikation mit ihren Klienten abtrainiert. Die statt dessen geforderte „Empathie" gerät allerdings – beschleunigt durch Kontrolle und Abnützung – oft sehr viel blutleerer (und damit weniger wirkkräftig) als ein spontanes Mit-Leiden, das leicht ohne Erklärung „rüberkommt". Das Spielen der Rollen von unglücklichen, ja verzweifelten Ratsuchenden kann der (notwendigen) Professionalität von Zeit zu Zeit ein Stück (auch notweniger) Lebendigkeit hinzufügen. |

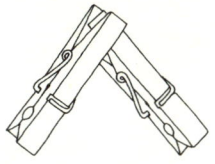

Herr Josef Schindele (44), Handwerksmeister mit gut gehendem Zimmereibetrieb, erhält morgens um acht Uhr, kurz bevor er auf eine Baustelle fahren will, einen Anruf vom Klassenlehrer seines Sohnes Cornel. Dieser, 13 Jahre alt und in Klasse 7 des Gymnasiums, befindet sich zur Zeit im Schullandheim, etwa 100 Kilometer entfernt, und der Klassenlehrer fordert den Vater auf, seinen Sohn sofort abzuholen, da er „wegen seines aggressiven Verhaltens der Gemeinschaft nicht länger zuzumuten" sei.

Herr Schindele sagt alle Termine ab und fährt mit Höchstgeschwindigkeit zum Schullandheim, wobei sein gewaltiger Ärger – auf den Sohn ebenso wie auf den Lehrer – bis zum Zielort geringfügig gedämpft ist. Herr Schindele ist aber im Augenblick nicht in der Lage, mit Herrn Maresch, dem Klassenlehrer, zusammenhängend zu reden; er hört sich von ihm schweigend die Schilderung des Hergangs an und dann auch – ebenfalls schweigend – auf der Heimfahrt Cornels Version.

Der Hergang scheint folgender gewesen zu sein:

Einige Kameraden haben Cornel „Schindele – Kindele" (nach seiner Darstellung „Schindele – Windele") nachgerufen, um sich an seinem Ärger, den er wie immer zeigte, zu weiden. Als dies zu Beginn des Frühstücks wieder passierte, hat Cornel das Messer, das er gerade neben einen Teller legen wollte, nach dem Rufer geworfen, aber nicht ihn, sondern ein unbeteiligtes Mädchen am Kopf getroffen. Das Mädchen mußte zum Arzt gebracht werden, der inzwischen die Wunde geklammert und als ungefährlich bezeichnet hat.

Herr Schindele äußert sich nicht und nimmt sich vor, unverzüglich die Beratungsstelle anzurufen, um möglichst noch für den gleichen Tag einen Termin zu bekommen.

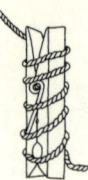

Josef Schindele sagt oder könnte sagen:

Mir wurde im Leben nichts geschenkt, auch mein Zimmereigeschäft nicht, das habe ich mir selbst aufgebaut, nicht vom Vater geerbt. Zu meinem Vater konnte ich nicht hingehen und die Hand aufhalten, wie das heute die Kinder machen, mein Vater ist gestorben, an einer Krankheit, die er aus Rußland heimgebracht hat, da war aber der Krieg schon vorbei, und ich war gerade vier Jahre alt.

Wir hatten fast nichts, und meine Mutter hat gemeint, es langt nicht, wenn ich etwas lerne, aber ich habe doch meinen Beruf gelernt, mit Hunger im Bauch und einem kalten Hintern, egal, und so bin ich zu was gekommen.

Heute ist alles anders. Wenn mein Herr Sohn nur halb soviel Energie hätte, wie ich in seinem Alter hatte, dann wäre er ein guter Schüler und kein schlechter, und die anderen würden ihn auch nicht hänseln. Bei Gott, das hätte sich bei mir mal einer trauen sollen! Statt dessen hockt er in der Stube und lernt doch nicht genug für die Schule und überläßt es auch noch seinem Vater, beim Lehrer zu reklamieren, wenn diese Strolche ihn wieder geärgert haben.

Allerdings verstehen diese Pädagogen heute scheint's ihr Geschäft nicht mehr recht. Wenn sowas bei uns vorgekommen wäre − nur, es ist eben nicht vorgekommen −, dann hätten beide Teile von unserem Lehrer eins hinter die Löffel gekriegt, beide, also auch die Maulhelden, und Ruhe wäre gewesen.

Aber so, großes Tamtam und Nachhauseschicken, da muß ich ja meinen, mein Sohn ist schon halb kriminell, wird mal ein Gewaltverbrecher oder Terrorist oder was, das halt ich nicht aus. Wenn das so ist, da weiß ich dann bald nicht mehr, was ich machen soll. Oder doch, ich weiß es schon!

94

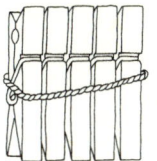

Cornel Schindele (13), Klasse 7 Gymnasium, eher schlechter Schüler, meist schüchtern oder gehemmt

Frau Gisela Schindele, geb. Kusch (39), Ehefrau, Mutter, macht den Haushalt, hilft im Geschäft

Pascale Schindele (16), Klasse 10 Realschule, gute Schülerin, geht unauffällig eigene Wege

Hermann Maresch (31), Studienrat, Hauptfach Sport, Klassenlehrer in Cornels Klasse, kann dessen Unsportlichkeit schwer ertragen

Dr. Clemens Labring (58), Kinderarzt, verfügt über viele Erziehungsratschläge

Jürgen Steemisch (34), Dipl.-Psychologe, (Familien-)Berater

Amalie Schindele, geb. Asil (67), Mutter von Josef Sch., ergreift Partei für den Enkel (offene Rolle)

Else Kusch, geb. Pehntrant (60), Mutter von Frau Schindele, macht ihrer Tochter Vorwürfe, gibt Ratschläge (offene Rolle)

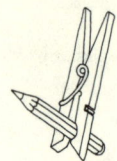

Cornel Schindele
Es bedrückt dich sehr, daß du ein schlechter Schüler bist (außer in Deutsch; deine Aufsätze sind immer gut). Wenn deine Kameraden dich wie ein Baby behandeln oder dir „Schindele – Windele" nachrufen (und so tun, als machtest du noch in die Hose, was total gelogen ist), dann bist du wie gelähmt. Nur manchmal kocht dann ganz plötzlich Wut in dir hoch, gegen die du nichts machen kannst.
So war es auch im Schullandheim. Außerdem hattest du die anderen gewarnt: Wenn es noch einmal einer sagt, dann passiert was! Es war auch sonst so laut und hektisch bei diesem Frühstück, was du sowieso schlecht vertragen kannst, und in der Nacht hatte niemand geschlafen, zuerst war Nachtwanderung Pflicht, dann kamen die Mädchen als „Gespenster", und bis zum Morgen hörte der Krach nicht auf.
Im Moment bist du so müde, daß dir weder Vaters Schweigen noch die Strafpredigten von Mutti und Oma Kusch, noch die blöden Bemerkungen von Pascale was ausmachen. Nur schlafen!

Gisela Schindele, geb. Kusch
Du bist hin- und hergerissen und fühlst dich überfordert. Du verstehst den Cornel ganz genau, weißt natürlich auch, daß er normal keiner Fliege was zuleide tut, aber die Situation jetzt ist zu unangenehm, all die Vorwürfe, die stummen von deinem Mann und die lauten von deiner Mutter, und was die Leute sagen werden, das wird dir zuviel, die Sache hätte einfach nicht passieren dürfen!
Ob du in der Erziehung was falsch gemacht hast? Daß du doch nicht streng genug warst? Du wirst dir wohl bei Dr. Labring Rat holen und ihn auch fragen, ob er nicht dem Cornel was verschreiben kann, damit er ruhiger wird und sich vielleicht auch in der Schule besser kon-

zentriert. Er hat ja auch damals vor fünf Jahren etwas Gutes gegen das Bettnässen gehabt.

## Pascale Schindele

Du bist froh, daß du die Erwartungen deiner Eltern erfüllst, gute Noten heimbringst, abends meist zu Hause bist, offiziell keinen Freund hast, so daß man dich in Ruhe läßt. Cornel tut dir meistens leid, aber du kannst ihm nicht helfen, er selbst sollte sich nicht so hängen lassen.

Manchmal, wenn du zu Hause bist und gerade nichts Besonderes zu tun hast, kannst du plötzlich traurig werden, total ohne Grund, und dann fallen dir die Moralsprüche deines Vaters und das hektische Gesicht von Mutti und die dauernden Einmischungen von Oma Kusch ein, und du würdest am liebsten weglaufen. Da hilft dann Musik.

## Hermann Maresch

Mit deinem Beruf als Lehrer (Sport und Englisch) bist du im großen und ganzen zufrieden, er läßt dir genug Zeit für deine Familie, das Skifahren und das Tennisspielen (du bist Clubmeister, auch im Vorstand und ehrenamtlicher Trainer). Schullandheim ist für dich eine Pflichtübung, sinnvoll, aber im Grunde lästig. Dein Rezept gegen zuviel Rabatz (zu dem Pubertierende beiderlei Geschlechts im Schullandheim besonders neigen) ist systematisches Müdemachen: mit großen Wanderungen (tagsüber und mindestens einmal pro Aufenthalt auch nachts), Sport im Freien und Sport in der Halle. Du bedauerst, daß dieses Rezept, das bei vielen wirkt, die ärgsten Radaubrüder (und -schwestern!) oft nicht beeindruckt. Die scheinen drei Nächte hintereinander ohne Schlaf auszukommen. Deswegen hast du zusätzlich eine Regel aufgestellt, die Wirkung zeigt, weil du sie ernst meinst (und das auch bewiesen hast): Wer grob tätlich wird, muß nach Hause. Dieser Regel ist nun der Cornel zum Opfer gefallen, obwohl er kein Schläger ist, sondern eher ein Schlappschwanz. Aber deswegen kannst du ja nicht deine eigene bewährte Regel unterhöhlen.

## Dr. Clemens Labring

Du führst eine Gemeinschaftspraxis mit einem jüngeren Kollegen. Dieses Arrangement, zu dem du dich vor rund fünf Jahren entschlossen hast, bewährt sich außerordentlich gut. Du hattest dich überarbeitet mit den üblichen Folgen, und nur ein – übrigens tiptop gelegter – Bypass in letzter Minute hat dir dann wohl das Leben gerettet. Diese Gefäßchirurgen sind manchmal schon Teufelskerle! Ein Zur-Ruhe-Setzen war und ist jedenfalls für dich völlig unvorstellbar, und du willst weiterarbeiten, solange es geht.

Natürlich fragen dich Mütter oft um Rat, wenn es um Erziehung, Familienprobleme und Ehesachen geht. Du hast da im Laufe der Zeit einen großen Erfahrungsschatz gesammelt. Die bewährten Methoden sind immer ganz einfach, und du bist daher nicht so besonders gut auf die professionellen Pädagogen und Psychologen zu sprechen, die die Dinge komplizieren und die Eltern verunsichern.

Der kleine Schindele, ach ja, ziemlich asthenisch, infektanfällig, entwicklungsretardiert: irgendwas war da auch vor einiger Zeit mit einer enuresis nocturna. Was dem Jungen wirklich fehlt, ist Verminderung des Leistungsdrucks und endlich mal etwas ehrliche Anerkennung durch seinen Vater!

Jürgen Steemisch

Du bist professioneller Berater, orientiert an einer „Schule", zum Beispiel einer systemorientierten Familientherapie. Deine Rolle verlangt, daß du persönliche Gefühle, Impulse, Sympathien und Antipathien zwar sehr genau wahrnimmst, aber dich nicht von ihnen leiten läßt. Deine Klienten sind deine Auftraggeber; wenn sie deine Hilfe wünschen, suchst du einen Weg, sie ihnen zu geben. Du wirst jedem Mitglied der Familie Schindele, das sich an dich wendet, sorgfältig zuhören und dich einzufühlen versuchen, ohne daß du Partei für jemanden ergreifst. Auf die eigentliche Beratungsarbeit läßt du dich erst ein, wenn mit den Betroffenen eine ausdrückliche Vereinbarung darüber besteht.

Josef Schindele
Bei Cornel muß sich was ändern, und dieser Lehrer hat auch Fehler gemacht. Beides muß die Beratungsstelle in Ordnung bringen, das werde ich dort sehr energisch fordern, die werden ja schließlich von Steuergeldern bezahlt.

Cornel Schindele
Ich will nichts mehr hören und mit niemandem reden. Vielleicht gehe ich zu Oma Schindele und sage ihr, sie soll machen, daß alle mich in Ruhe lassen.

Gisela Schindele
Unsere Ehe stimmt ja überhaupt nicht mehr. Der Dr. Labring sagt auch immer, daß meistens die Probleme der Kinder von der Ehe der Eltern kommen. Ob er Josef dazu bringt, mit mir in eine Eheberatung zu gehen?

Pascale Schindele
Ich hab' ein Buch gelesen, wie ein ganz toller Psychiater oder sowas mit einer Familie solche Sitzungen machte, wo es eigentlich zuerst um die Tochter ging, ungefähr so alt wie ich, die total ausgerastet war und allen Sorgen machte und so, und dann redeten die über das Eheproblem der Eltern, also echt ganz offen, naja, und am Ende waren alle Probleme irgendwie weg und die konnten wieder normal miteinander reden. Also, wenn dieser Psychiater hier wäre (das Buch spielt in Amerika), ich würd' sonstwas in Bewegung setzen, daß wir da alle hingehen.

Hermann Maresch
Ich werde dem Schulleiter meinen Bericht erstatten und will weiter keinen Wirbel um die Sache. Keine Schulstrafen, kein Gerede.

Dr. Clemens Labring
Ich habe meine Ansichten zu der Sache, bin aber kein Eheberater und heiße auch nicht Sigmund Freud. Dem Vater Schindele sollte man die Meinung sagen, aber der kommt ja nicht.

Jürgen Steemisch
Für mich kommt nur Familientherapie in Frage, bei weniger mache ich nicht mit.

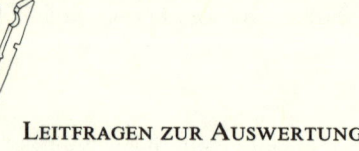

## LEITFRAGEN ZUR AUSWERTUNG

Für die einzelnen Spielerinnen und Spieler:
Wie ging es mir, als es an die Verteilung der Beraterrolle ging: Wollte ich sie gern – oder wollte ich sie gar nicht?

Gab es Zeiten, in denen ich vergaß, daß ich spielte?

Wenn ich mir einzelne Spielszenen oder den ganzen Verlauf vergegenwärtige: Hat sich dabei etwas an meiner Beraterhaltung geändert?

Welche Rollen berühren mich (positiv oder negativ) von der Beschreibung her, welche von der Art her, wie sie gespielt wurden?

Für die Gruppe:
Wann gab es Hochstimmungen, Stimmungstiefs und Stimmungsumschwünge, die die ganze Gruppe ergriffen?

Wenn der gesamte Spielverlauf ein Weg war, an welchen Stellen dieses Weges könnte man dann diese besonderen Stimmungen einzeichnen? (Hat die Gruppe vielleicht Lust, diesen Weg gemeinsam – und schweigend – zu zeichnen?)

# Kompetenz – woher und wozu?

Im juristischen Sprachgebrauch bedeutet Kompetenz die Zuständigkeit: eines Gerichts, einer Behörde, eines Sachbearbeiters. An bestimmten Stellen kommt es offenbar zur Kumulation, wie man im Konfliktfall sehen kann: Überschritten hat der Beamte dann regelmäßig seine Kompetenz*en*, in der Mehrzahl. Die juristische Terminologie kennt sogar eine Kompetenzkompetenz (Gerichtsentscheid über die Zulässigkeit eines Prozesses) und sorgt damit, wenn nicht für Schönheit, so doch für Eindeutigkeit der Sprache.

Außerhalb dieses umgrenzten Fachbereichs ist das Wort vom vielen Gebrauch glatt (das heißt konturlos) geworden – und entsprechend beliebt, weil überaus vielseitig verwendbar. Einerseits ist mit dem Kompetenzbereich eines Gruppenleiters seine Zuständigkeit innerhalb der hierarchischen Struktur eines Heimes gemeint, andererseits bedeutet der Hinweis auf die „menschliche Kompetenz" desselben Gruppenleiters in seinem Dienstzeugnis entweder, daß er seine Vorgesetzten klug behandelt hat, oder daß ihm zu den Kollegen ein konfliktfreies Verhältnis gelang, oder daß er mit den Eltern der ihm anvertrauten Kinder geschickt umgegangen ist, oder daß er auch den Kindern gegenüber Takt aufbrachte, oder einfach, daß dem Schreiber des Zeugnisses nichts Besseres eingefallen ist.

Was also ist nun die soziale Kompetenz? In der Alltagspraxis geht es am wenigsten um eine exakte Definition des Begriffs. Was unter Kompetenz jeweils zu verstehen ist, bestimmt – überspitzt gesagt –

derjenige, der sie verlangen darf. Wo es um Kompetenz geht, geht es nämlich immer auch um Macht. Das können die Spiele erfahrbar machen. Wenn sie helfen, einmal exemplarisch die Angst vor einem vielgebrauchten Schlag-Wort zu reduzieren und gleichzeitig penetrantes Nachfragen einzuüben, haben sie auch emanzipatorische Wirkung.

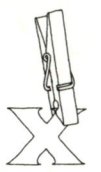

| | |
|---|---|
| Protagonistin: | Kinderpflegerin, Mitte 20, ohne Qualifikation als Erzieherin tätig |
| Mitspieler: | 6 bis 9 |
| Gesamtdauer: | 8 bis 12 Stunden |
| Schauplatz: | Erziehungsheim |
| Zielgruppe: | Teams oder Gruppen in Institutionen, in denen es eine faktische Hierarchie gibt |
| Mögliche Lernziele: | Berufliche Kompetenz (verstanden als Summe berufsspezifischer Fähigkeiten im mitmenschlichen Bereich) ergibt sich aus sehr verschiedenen und auch sehr unterschiedlich bewerteten Faktoren, zum Beispiel Erfahrung, Wissen, durch Zeugnisse nachgewiesene Qualifikation und so weiter. Der Versuch, den vorgegebenen Bewertungskonflikt im Spiel auszutragen (oder auch nur auszuhalten) kann die Mitspieler anregen, über ihre je eigene Werte-Hierarchie Klarheit zu gewinnen – vielleicht auch, sie zu ändern. |

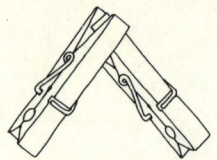

Das Heim „Seeblick" ist ein Erziehungsheim in freier Trägerschaft. Es ist relativ klein (sechs Gruppen) und steht am Ende eines Umstrukturierungsprozesses, der ein rundes Jahrzehnt gedauert hat. Dieser Prozeß schloß auch kritische Phasen bis hin zur Existenzbedrohung ein. Ursprünglich ein Kinderheim, mußte das Haus „Seeblick" wegen Rückgang der Belegzahlen die Fürsorgeerziehung als zusätzliche Aufgabe übernehmen, und zwar zunächst mit dem alten Personal. Die meisten Kinderpflegerinnen und Erzieherinnen (die noch „Kindergärtnerinnen" im alten Sinne waren), fühlten sich überfordert, wenn sie plötzlich auf milieugeschädigte acht- bis sechzehnjährige Kinder und Jugendliche „pädagogisch einwirken" sollten.

So gab es zunächst Proteste, Kündigungen und den höchsten Krankenstand unter dem Personal in der ganzen Heimgeschichte. Träger und eine neue Heimleitung förderten die Weiterbildung des alten Personals und ergänzten es nach Möglichkeit mit jüngeren Fachkräften, die der Arbeitsmarkt ja auch in großer Zahl bereithielt. Erst im Laufe der Zeit erwies es sich als zweckmäßig, auf die Kleinkinderbetreuung ganz zu verzichten und sich auf die Erziehung – hauptsächlich als Fürsorgeerziehung (FE) und Freiwillige Erziehungshilfe (FEH) – zu spezialisieren.

Das ist im Augenblick die Situation, die sich aus der Sicht des Trägers ausgesprochen positiv darstellt (die Arbeit wird „draußen", das heißt zum Beispiel vom Jugendamt, anerkannt, so daß die Kasse stimmt), die aber bei der Gruppe „Flamingo" den Keim zu einem tiefen Konflikt im Team legt. Sabine Konradt ist vor fünf Jahren noch als Kinderpflegerin eingestellt worden. Sie hat sich, als es nötig wurde, rasch auf die neue Arbeit eingestellt und auch die Erziehungsaufgaben bald gemeistert. Wie selbstverständlich wurde sie Stellvertreterin der Gruppenleiterin und übernahm bei deren Schwangerschaft und nachfolgender Kündigung ihre Vertretung – mehr als vier Monate lang. Nun soll die Gruppenleiterstelle neu besetzt werden.

Sabine Konradt würde gern die Gruppenleitung übernehmen. Der Heimleiter hat aber einen ausgebildeten Heimerzieher mit Erfahrung und guten Zeugnissen eingestellt und ihm die Leitung der Gruppe „Flamingo" angetragen. Der neue Kollege soll heute in die Gruppe eingeführt und in einigen Tagen, bei der nächsten Personalversammlung, offiziell vorgestellt werden. Diese Tatsache ist per „Buschtelefon" bekannt geworden, selbst bei einigen „Flamingo"-Jungen. Sabine Konradt ist wütend. Sie überlegt, ob sie gleich zum Heimleiter gehen soll, um „Rabatz" zu machen, oder erst am Nachmittag, wenn der Neue im – unvollständigen – Team vorgestellt wird.

PROTAGONISTENROLLE

---

Sabine Konradt sagt oder könnte sagen:

Also, ich fühle mich echt total verarscht. Ich bin ausgebildete Kinderpflegerin und mache hier seit zweieinhalb Jahren die Arbeit einer Erzieherin, gut, ich hab's so wollen und mache es gern. Ich komme mit den Burschen einwandfrei zurecht, das bestätigte auch die Heimleitung. Ich war auch gut genug, die Gruppenleiterin zu vertreten, ohne einen Pfennig mehr. Viel habe ich einfach durch die Praxis gelernt, viel auch durch Lesen und in der Supervision. Nur eine regelrechte Ausbildung zur Erzieherin ist nun mal nicht drin, auch wenn man sie mir „nahelegt": Den „verkürzten Ausbildungsgang" gibt es bekanntlich neuerdings nicht mehr, und die nächste Fachschule mit berufsbegleitender Ausbildung in Teilzeitform ist achtzig Kilometer entfernt. Also, was soll's!

Und jetzt wollen sie mir anscheinend so einen Typen vor die Nase setzen, bloß weil der sein Papierchen hat. Na klar, und weil er ein Macker ist! Nee, meine Lieben, das könnt ihr machen, mit wem ihr wollt, aber mit mir nicht!

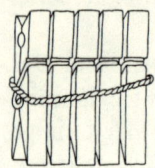

Matthias Bleichle, 30, Heimerzieher; erfahren, abwartend

Anton Häher, 41, Heimleiter seit sechs Jahren; nicht autoritär, aber stark

Isolde Schilling, 28, Sozialpädagogin (FH), Erziehungsleiterin und stellvertretende Heimleiterin; undurchsichtig

Tanja Bold, 20, Erzieherin im Anerkennungsjahr, in der Gruppe „Flamingo"; spontan, leicht verstimmbar

Stefan Mahler, 29, Heilerziehungspfleger, in der Gruppe „Flamingo"; kooperativ, Freizeit ist ihm wichtig

Robert (genannt Robsi) Neusel, 15, Zögling (offene Rolle)

Angelo Petrisi, 12, Zögling (offene Rolle)

Reinhard (Renate) Weseler, 36, Dipl.-Psychologe(gin), Supervisor(in) (offene Rolle)

**Matthias Bleichle**
Nun hast du also anscheinend deinen Stall gefunden. Daß ein kaufmännischer Beruf nichts für dich war, hast du damals ja ziemlich schnell gemerkt, aber dann die Fachschule − gegen den Rat des Arbeitsamtes − mit minimal Bafög und die nervende Stellensuche, die eigentlich nur deswegen am Ende Erfolg hatte, weil du schon als Zivi Heimerfahrung sammeln konntest − das alles war schon sehr hart. Und dann noch die schrecklichen drei Jahre in diesem kirchlichen Mammutheim!
Die Stelle hier am Seeblick ist genau das, was du haben wolltest − falls der Häher nicht übertrieben hat, der ja alles (sogar deine Zeugnisse) in den höchsten Tönen lobte.


**Anton Häher**
Du bist völlig überrascht, mit was für einem Gesicht Frau Konradt heute hier rumläuft. Wenn es mit dem neuen Gruppenleiter zu tun hat, dann mußt du sagen, das verstehst du nicht. Schließlich ist das Heimkonzept auch Frau Konradt bekannt: fachlich einwandfreie Arbeit, von Fachleuten verantwortet. Du schätzt Frau Konradt, kannst aber deswegen nicht von einem bewährten Konzept abgehen.


**Isolde Schilling**
Du stellst mit Erstaunen fest, daß der Toni gar nicht zu merken scheint, was sich da zusammenbraut, seit er den Neuen eingestellt hat. Du selbst hast zwar auch dafür gestimmt, aber man kann ihn doch nicht einfach der Sabine vor die Nase setzen, *dafür* warst du jedenfalls nicht! Du hattest gar nicht für möglich gehalten, daß er sowas tut. Sonst hättest du deutlich gewarnt.

Wenn es jetzt zum Konflikt kommt, kannst du Toni nicht so ohne weiteres unterstützen, Loyalität hin oder her.

Tanja Bold
Bis jetzt ist es ja nur ein Gerücht, aber wenn es stimmt, daß ihr einen neuen Gruppenleiter kriegt, obwohl Sabine das die längste Zeit spitze gemanagt hat, dann findest du das eine Riesensauerei.
Obwohl, an und für sich wäre noch ein Mann auf der Gruppe nicht schlecht, so von den Dienstplänen her, und dann auch, weil die Burschen bei Männern halt doch besser spuren.

Stefan Mahler
Du bist erst ein knappes Jahr im Seeblick und den zweiten Monat bei der Gruppe „Flamingo". Daß du hier Erziehung machst, obwohl du für die Behindertenarbeit ausgebildet bist und dort auch die meiste Praxis hast, hat familiäre Gründe: Deine Frau arbeitet hier in der Nähe in einer guten Stelle, ein anderes Heim gibt es hier nirgends, und du hattest die Wochenend-Ehe satt.
Es wird gemunkelt, daß ihr endlich den vierten Mann – das heißt: das vierte Team-Mitglied, einen Mann – bekommt und daß Sabine befürchtet, an ihn die Leitung abgeben zu müssen und deswegen sauer ist. Das soll sie von dir aus nicht! Du würdest eine Gruppen-leitung nicht überbewerten. Viel wichtiger ist doch, daß ihr jetzt nicht mehr so viele Überstunden machen müßt. Hoffentlich lassen sie euch auch noch den Zivi, der bis jetzt ausgeholfen hat, dann wird's ein gutes Arbeiten.

Sabine Konradt
Am liebsten würde ich schon im Seeblick bleiben, weil mir die Atmosphäre dort im Grund gefällt. Ich habe vor zu bleiben, wenn ich mindestens eine bindende Zusicherung erhalte, zum Beispiel auf die nächste freiwerdende Gruppenleitung. Wenn sich gar nichts bewegt, kündige ich und gehe in dieses anthroposophische Heim, wo sie mich garantiert nehmen, allerdings bei sehr schlechter Bezahlung.

Matthias Bleichle
Ich bin aus persönlichen Gründen darauf aus, beruflich möglichst keine Konflikte zu haben. Daß es da noch eine Frau aus dem Heim gibt, die den Gruppenleiterposten haben will, wußte ich beim Einstellungsgespräch nicht. Das muß der Heimleiter wieder ins Lot bringen.

Anton Häher
Im Grunde bin ich mir meiner Sache nicht so sicher, wie ich nach außen den Anschein erwecke. Persönlich würde ich Frau Konradt nämlich gern halten, weil sie geschickter mit den Jungen umgeht als manche ausgebildeten Erzieher. Aber Jugendamt und Träger setzen mich unter Druck wegen der Qualifikation, und von der Sache her bin ich selbst für männliche Leiter in Jungengruppen. – Ich warte jetzt erst mal ab, wie Frau Konradt reagiert.

Isolde Schilling
Tatsächlich gehöre ich der Heimleitung an, gefühlsmäßig stehe ich aber eher auf der Seite des Personals. Wie ich da manchmal zwischen beiden laviere, könnte ich mich selbst ohrfeigen. Heute will ich mich auf mein Gefühl verlassen.

Tanja Bold
Wir werden ja wohl nicht gefragt, aber wenn doch, dann halte ich zu
Sabine. Wenn nicht – mal sehen, wie der Neue ist...

Stefan Mahler
hat keine geheime Spielabsicht, aber das wissen die anderen nicht.

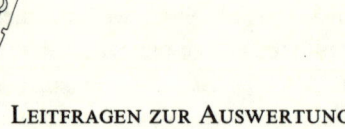

LEITFRAGEN ZUR AUSWERTUNG

Für die einzelnen Spielerinnen und Spieler
Hat mich die Spielvorlage an ein Erlebnis aus meiner eigenen Berufs-
praxis erinnert, und wie hat diese Erinnerung mein Spiel (meine
Rückmeldung) beeinflußt?

Meine eigene berufliche „Kompetenz" – was bedeutet sie mir jetzt,
nach der Erfahrung des Rollenspiels?

Für die Gruppe:
Gibt es ein (heimliches) Einverständnis in der Gruppe, wer hier
„kompetent" ist und wer nicht oder weniger?

Wenn es so wäre: Könnte die Gruppe es zulassen, daß dieses Thema
(etwa: Wer ist hier wie kompetent?) offen besprochen würde?

(Zur Entkräftung einer naheliegenden Ausrede: Um Aussagen über
jemandes Kompetenz zu machen, ist – in der Realität wie im Spiel –
kein jahreslanges Kennen notwendig, sondern der entscheidende erste Eindruck bildet sich in ganz kurzer Zeit. Die Sozialpsychologen
können auf einschlägige Untersuchungen verweisen. So ist der Zweck
der Übung nicht die Diskussion objektiver Kriterien für ein Dienstzeugnis, sondern ein Bewußtmachen und Austauschen erster Ein-
drücke – eben weil sie in Wirklichkeit die entscheidenden sind!)

110

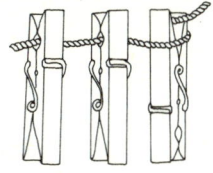

In einer (späteren) Phase vertiefter Reflexion erstellt die Gruppe gemeinsam eine „Liste der Faktoren beruflicher Qualifikationen", die dann (ungeordnet) zum Beispiel so aussehen kann:
Alter
Geschlecht
Erfahrung
Gewicht der Persönlichkeit
Nachgewiesene Ausbildung
Andere Zeugnisse
Begabung
Zusätzlich erworbenes Wissen (zum Beispiel durch Kurse, Lektüre)
Anerkennung durch Kollegen
Anerkennung durch Vorgesetzte
Beförderung auf besondere Posten und so weiter

Die Liste wird vervielfältigt, so daß jedes Mitglied seine persönliche Werte-Hierarchie durch Anbringung von laufenden Nummern erstellen kann, zum Beispiel:
1. Erfahrung
2. Zeugnisse
3. Anerkennung durch Kollegen

In Zweier-, danach in Vierergruppen soll dann eine Einigung auf eine gemeinsame Reihenfolge gesucht werden; wenn möglich, danach auch in der Gesamtgruppe.
Der Versuch wird abgebrochen, wenn Argumente keine Veränderung mehr bewirken. Ziel ist nicht die Einigung (die sich allerspätestens in der Gesamtgruppe als unmöglich erweisen wird), sondern das Erleben des Punktes, von dem ab das Anderssein und Andersdenken des anderen ausgehalten werden muß.

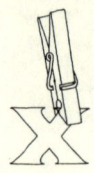

Protagonist:          Grundschullehrer, 32, der auch Beauftragter für die Kooperation mit dem Kindergarten ist

Mitspieler:             5

Gesamtdauer:        6 bis 8 Stunden

Schauplatz:           Kindergarten oder Grundschule jeweils abends, also ohne Anwesenheit von Kindern, oder ein neutraler Ort für Treffen, zum Beispiel Nebenzimmer eines Gasthauses

Zielgruppe:           Angehörige jeweils verschiedener Institutionen, die kooperieren (sollen); zum Beispiel Erzieher(innen) mit Grundschullehrern/lehrerinnen oder Sozialpädagogen (etwa im Jugendamt) mit Psychologen (in der EB)

Mögliche Lernziele: Angehörige sozialpädagogischer Berufsfelder können lernen, besser zu verstehen, an welchen (Kommunikations-) Hürden besonders eine verordnete Zusammenarbeit scheitern kann. Aus diesem Verstehen lassen sich Anregungen zu einer besseren Verständigung zwischen Angehörigen verwandter Institutionen gewinnen. Gegenseitige Zweifel an der Kompetenz können bewußt gemacht und thematisiert werden.

Das Spiel eignet sich besonders für gemischte Gruppen aus Lehrern, Erziehern und/oder Sozialpädagogen

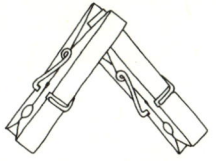

In Ostheim, Landkreis Mittelstadt, gibt es einen katholischen und einen evangelischen Kindergarten, eine Grundschule (Hans-Thoma-Schule) und eine Grund- und Hauptschule (Albert-Schweitzer-Schule, Rektor: Anton Bucher).

Zwischen der Grundschule und dem evangelischen Kindergarten gibt es bereits die von der Schulaufsicht verlangte Kooperation.

Die Kinder aus dem katholischen Kindergarten werden meistens in die Albert-Schweitzer-Schule eingeschult. Das hängt damit zusammen, daß die meisten Eltern den Kindergarten nach der Nähe zur Wohnung und nicht nach der Konfession wählen. Trotzdem gibt es zwischen dem katholischen Kindergarten und der Albert-Schweitzer-Grundschule noch keine Kooperation.

Regine Pragmann, Erzieherin am katholischen Kindergarten, möchte ihren „Großen" gern mal die Schule zeigen und denkt auch an eine künftige Kooperation. Sie fragt deswegen bei Rektor Bucher an. Dieser sagt im Prinzip zu; vor allem den Besuch der Schule durch den letzten Kindergarten-Jahrgang hält er für sinnvoll. Im übrigen verweist er Frau Pragmann an den offiziell vom Schulamt bestellten Beauftragten für die Kooperation, den Lehrer Johannes Stieme: der soll mit ihr im einzelnen besprechen, wie man die Kooperation organisiert.

Johannes Stieme freut sich über die Anfrage und lädt Regine Pragmann gleich zur nächsten Sitzung der Regionalgruppe für Kooperation ein. Dort kennt sie allerdings fast niemand, und es wird den ganzen Abend nur geredet, hauptsächlich über Gefühle.

Aus diesem Ablauf ergibt sich:

Regine Pragmann ist sauer. Sie wollte ihren Kindern die Schule zeigen und handfeste Informationen bekommen, wie die Kooperation ablaufen kann.

Rektor Bucher ist zufrieden: Die Sache ist zunächst vom Tisch. Er ist aber mißtrauisch gegenüber dem Beauftragten, weil der mit Sonderbefugnissen ausgestattet ist und die Einrichtung der Kooperation verlangen wird.

Johannes Stieme hat ein schlechtes Gewissen, weil Regine Pragmann ziemlich deutlich ihre Unzufriedenheit gezeigt hat. Es muß also etwas geschehen.

PROTAGONISTENROLLE

Johannes Stieme sagt oder könnte sagen:
Ich bin seit fast zehn Jahren Grundschullehrer, und zwar aus Überzeugung. Zwei Problemkreise beschäftigen mich besonders: die Binnendifferenzierung im Unterricht, vor allem des dritten und vierten Schuljahrs, und die Kooperation mit dem Kindergarten.
Es ist mir wichtig, daß Ideen und Erfahrungen unter möglichst vielen Kollegen ausgetauscht werden; ich gehöre nicht zu denen, die immer nur im eigenen Saft kochen wollen.
Überregionale Fachkonferenzen sollten regelmäßig stattfinden und dürften ruhig auch Elemente berufsbezogener Selbsterfahrung enthalten. Die Teilnahme von Erzieher(inne)n hierbei sollte selbstverständlich sein. Wir können nur voneinander lernen.

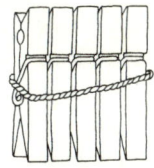

Anton Bucher, 55, Rektor der Albert-Schweitzer-Schule (Grund- und Hauptschule) in Ostheim

Regine Pragmann, 26, Erzieherin am katholischen Kindergarten von Ostheim

Therese Gstandner, 41, Lehrerin einer zweiten Klasse an der Albert-Schweitzer-Schule

Elke Stressle, 28, Lehrerin einer vierten Klasse an der Albert-Schweitzer-Schule

Angelika Just, 35, Dipl.-Sozialpädagogin (FH), für Ostheim zuständige Fachberaterin (offene Rolle)

BESCHREIBUNG DER ROLLEN

Anton Bucher
Du bist nicht erst seit gestern Schulleiter und weißt, wie der Hase läuft. Kooperation ist gut und schön, aber du hast das Ganze im Auge zu behalten. Während der Kollege Stieme die Kooperation vielleicht braucht, um sich zu profilieren, mußt du unter anderem dafür sorgen, daß der Schulbetrieb reibungslos weiterläuft, daß die Eltern nicht wegen Unterrichtsausfalls protestieren, daß der Pool der verfügbaren Deputatsstunden gerecht verteilt wird.

115

Du hast folgende Möglichkeiten:
Frau Stressle zur Kooperation abstellen. Schlecht, weil ihre derzeitige vierte Klasse leiden könnte.
Frau Gstandner dafür wählen. Schlecht, weil sie ihre jetzige zweite Klasse bis zum vierten Schuljahr weiterführen will.
Du wünschst, daß an deiner Schule neue pädagogische Erkenntnisse zum Wohle der Kinder realisiert werden. Engagierte Kollegen willst du dabei unterstützen.

### Regine Pragmann
Du bist Erzieherin und erlebst von Jahr zu Jahr mehr, wie die Fünf- bis Sechsjährigen ganz verdreht wirken, wenn es um die Einschulung geht. Anscheinend schlagen jetzt Numerus clausus und Lehrstellenmangel schon bis zum Kindergarten durch.
Du willst deinen Kindern die Angst vor der Schule nehmen, indem du sie vernünftig darauf vorbereitest. Dazu gehört auch ein Besuch in der Grundschule.
An einer weitergehenden Zusammenarbeit mit Grundschullehrern bist du interessiert, wenn auch mit Skepsis. Du magst es nicht, wenn viel geredet wird, egal, ob über Theorien oder Gefühle.

### Therese Gstandner
Du hast gehört, daß jemand gesucht wird, der für die Kooperation mit dem katholischen Kindergarten zuständig sein soll.
Du hast grundsätzliche Einwände: Wenn die größeren Kindergartenkinder ihre künftige Schule besuchen wollen, so sollen sie das einfach tun, das war schon immer so und ist ja auch vernünftig. Aber daraus nun gleich eine Institution zu machen, das hältst du für Blödsinn, der zu dem ganzen anderen Blödsinn paßt, der am grünen Tisch laufend produziert wird.

### Elke Stressle
Du hast ein viertes Schuljahr, da läge es nahe, daß du im nächsten Jahr wieder ein erstes übernimmst, und du wärst auch an Kooperation, einschließlich Besuch im Kindergarten, interessiert. Nur hast du Bedenken: Gerade in der Zeit, die für deine Hospitation im Kindergarten günstig wäre (Frühjahr), laufen die Übertrittsberatungen für deine Viertkläßler, und bei der Wahl der richtigen weiterführenden Schule mußt und willst du mitwirken.

Johannes Stieme
Ich habe mich um die Stelle des Rektors der Hans-Thoma-Schule in Ostheim beworben und weiß, daß ich gute Aussichten habe, diese Schulleitung auch zu bekommen. Trotzdem wissen erst sehr wenige Leute davon. Auf jeden Fall werde ich auch als Rektor Beauftragter für die Kooperation bleiben und diese gute Sache nach Kräften fördern.

Anton Bucher
Mein hauptsächliches Interesse ist, daß nicht zuviel Unruhe in meine Schule kommt. Ich überlege es mir prinzipiell sehr lange, ehe ich eine Sammlung, eine Reise oder ein Fest genehmige, weil das alles den gleichmäßigen Fluß des Unterrichts stört.
Über einen meiner guten Kanäle habe ich erfahren, daß der Stieme Rektor an der Hans-Thoma-Schule werden will. Ich selbst hätte ja lieber einen, der von auswärts kommt.

Regine Pragmann
Wahrscheinlich habe ich ein gewisses Vorurteil gegen Lehrer, die ja meistens viel zu wenig echte Erzieher sind. Meine Erfahrungen an der PH, wo ich vor ein paar Jahren den Diplomstudiengang in Erziehungswissenschaft angefangen und nach drei Semestern wieder aufgegeben habe, zeigen auch, daß Erziehungswissenschaft und Erziehungspraxis wenig miteinander zu tun haben.

Therese Gstandner
Ich werde mich weigern, in die Kooperation eingespannt zu werden. Ich habe jetzt ein zweites Schuljahr und will die Klasse behalten und nicht wieder neu mit einem ersten anfangen.

Elke Stressle
Ich nehme meine Aufgabe in der Vierten sehr ernst, und so bleibt mir keine Zeit für zusätzliches Engagement. Da würden auch die Eltern reklamieren, und das kann Herrn Bucher nicht recht sein.

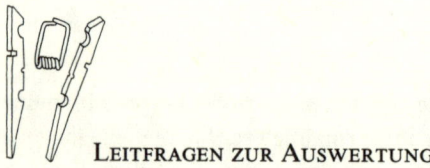

## LEITFRAGEN ZUR AUSWERTUNG

Für die einzelnen Spielerinnen und Spieler:
War ich zufrieden mit meiner Rolle, oder hätte ich lieber eine andere gespielt?

Habe ich während des Spiels in mir Gefühle wahrgenommen, die ganz ähnlich waren wie in der beruflichen Wirklichkeit?

Welche Gedanken habe ich mir im Spiel, von meiner Rolle aus, über die eigene Kompetenz und die der anderen gemacht? Habe ich solche Gedanken geäußert? Will ich das jetzt noch tun?

Für die Gruppe:
An welchen Stellen lief der Spielprozeß rasch und lebendig ab, wo schien er eher zähflüssig?

Gibt es in dieser Gruppe Tabu-Themen? Wäre es hilfreich für die Gruppe, einfach einmal eine Liste der Tabu-Themen aufzustellen?

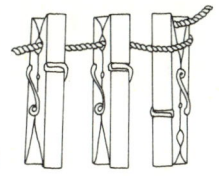

Die meisten Pädagogen wissen, daß es für Lernende förderlicher ist, wenn man ihnen zeigt, was sie schon gelernt haben, als wenn man sie ständig damit konfrontiert, was sie noch nicht wissen oder können.

Trotzdem wird in der Praxis gerade auch unter Pädagogen immer noch viel zuviel Wert auf Lücken gelegt und damit ständig Minderwertigkeitsgefühl erzeugt – selbst in der eigenen Weiterbildung.

Die folgende Übung kann (neben einem weiteren Planspiel, zum Beispiel „Fressen und gefressen werden") vielleicht mithelfen, dieses destruktive Muster aufzulösen und durch ein konstruktives zu ersetzen:

Jedes Mitglied der Gruppe schreibt für sich eine Liste mit drei Spalten: 1. Was ich ziemlich gut kann. 2. Was ich gut kann. 3. Was ich sehr gut kann. Jede Spalte muß wenigstens drei Fähigkeiten, Fertigkeiten oder Eigenschaften enthalten, die positiv bewertet sein müssen, aber nicht auf den beruflichen Bereich beschränkt zu sein brauchen.

Dann finden sich immer zwei Teilnehmer zusammen und teilen einander ihre je mindestens neun guten Seiten mit. Die beiden können auch miteinander darüber reden, wie schwer oder leicht ihnen die Aufstellung der Liste gefallen ist. Nach spätestens zehn Minuten kommt die Gruppe wieder zusammen, und die Partner stellen einander mit so vielen guten Seiten vor, wie jedem im Gedächtnis geblieben sind.

Dies wird, neben einer positiven Grundstimmung, auch einen Brainstorming-Effekt haben: Vielen werden durch die Aufzählungen weitere gute Seiten einfallen, die sie selbst auch noch haben.

Darum soll am Ende jeder und jede die eigene Liste ergänzen und gut verwahren für eine Zeit, in der es wohltut, sich in ein solches Papier vertiefen zu können!

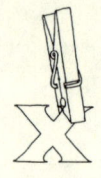

| | |
|---|---|
| Schauplatz: | ein imaginärer Königshof, nach dem Freitagsdinner |
| Protagonist: | ein königlicher Bediensteter |
| Mitspieler: | 6 bis 10 |
| Gesamtdauer: | 1 Tag oder mehr |
| Zielgruppe: | Personen, die in Institutionen arbeiten (Krankenhäuser, Altenheime, Ämter), in denen die Abgrenzung der Zuständigkeiten die Arbeit belastet |
| Mögliche Lernziele: | In der Verfremdung des „psychodramatischen" Märchenschauplatzes das Praxisproblem „Zuständigkeitskonflikte" distanziert sehen können – durch bewußtes Übertreiben einer erstarrten Struktur Spannung abbauen (wenn nicht gar Spaß haben!) und dadurch – vielleicht – zu überraschenden Lösungsansätzen kommen. Wenn feste Teams mit diesem Ziel das Spiel wählen, sollten im Verlauf unbedingt die Rollen gewechselt oder getauscht werden! |

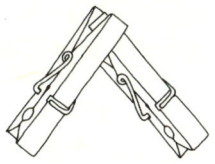

## DIE SITUATION

Immer freitags lädt König Nemschdir VII. fünfzig wichtige Persönlichkeiten (vierzig aus der Hauptstadt und zehn von „draußen im Reiche") zum Dinner in den Äußeren Audienzsaal des Schlosses ein. Weiter nehmen regelmäßig fünfzig Würdenträger des Reiches teil, die auf Dauer im Schloß beschäftigt sind, an ihrer Spitze der Kanzler, der die Regierungsgeschäfte führt, und der Oberhofmeister, der Chef der Schloßverwaltung mit gut tausend Bediensteten.

Am Gelingen der Freitagstafel sind jeweils rund 200 Personen beteiligt, davon etwa hundert in der Küche unter der Leitung von Skisto, dem Oberkoch, und weitere hundert im Service unter der Leitung von Anank, dem Zeremonienmeister.

Im Verlauf einer Freitagstafel kommt es nun zu einem Vorfall, der Konsequenzen haben muß. Beim vierten Gang – dem Gemüsegang – läßt der König den Würzkoch kommen, um, wie meistens, die Blauen Rüben nachzuwürzen. Danach gibt gemäß den Regeln der Zeremonienmeister das Zeichen, daß nun die Gäste ihre Nachwürzwünsche anbringen dürfen. Die Höflinge und die meisten Gäste aus der Hauptstadt wissen natürlich, daß es nicht fein ist, von dieser Möglichkeit Gebrauch zu machen. Aber da von „draußen im Reiche" diesmal die Südprovinz mit Gästen vertreten ist, kann es geschehen, daß fünf Gäste um Nachwürzung ihrer Blauen Rüben bitten!

Da der Würzkoch bereits wieder in der Küche verschwunden ist, der Zeremonienmeister aber vor Entsetzen kein Wort herausbringt und nur unklare, aber heftige Armbewegungen macht, übernimmt rasch Hüstri, der Soßenschenk, das Nachwürzen, zur Zufriedenheit der Gäste und unbemerkt vom König. Dellegh, der Oberhofmeister, beobachtet den Vorfall, äußert sich aber nicht dazu. Sterrez, der Würzkoch, betritt den Audienzsaal nicht mehr, wobei es unklar bleibt, ob er beleidigt ist. Natürlich erteilt Anank, der Zeremonienmeister, Hüstri bei nächster Gelegenheit einen strengen Verweis. Es sickert danach das Gerücht durch, daß dieser sich mit einer Beschwerde an den Oberhofmeister gewandt habe.

Allgemein wird nun mit der Einberufung eines Personalkonvents gerechnet. Wenn es zur Abstimmung kommt, hat jeder Bedienstete Stimmpflicht. Stimmenthaltung ist verboten, aber der Oberhofmeister kann jedes Ergebnis umstoßen.

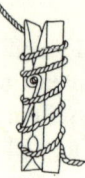 PROTAGONISTENROLLE

Hüstri (Soßenschenk an der Freitagstafel) sagt oder könnte sagen: Die wenigsten wissen, daß ein Soßenschenk auch eine Ausbildung als Beikoch braucht und auch für die Austeilung der Suppe verantwortlich ist. Ich persönlich bedaure, daß bei der jüngsten Titelvereinfachung meine traditionelle Amtsbezeichnung „Liquidodistributor" zugunsten des doch recht altväterlich klingenden „Soßenschenk" abgeschafft wurde. Auch bin ich Dienstvorgesetzter aller Soßenkellner. Im übrigen mache ich den Köchen und ganz besonders dem Herrn Würzkoch ihren Rang nicht streitig. Andererseits hat die Situation am vergangenen Freitag gezeigt, daß die gültige Nachwürzregelung in der Praxis nicht taugt! Es war ja nicht der erste Vorfall dieser Art! Woher habe ich wohl die Fähigkeit zum Nachwürzen? Anank tut so, als wüßte er nicht, wieviele Skandale ich durch diskretes und kompetentes Nachwürzen verhindert habe. Und Sterrez und die anderen Köche wissen es auch! Hätte ich nämlich Sterrez geholt, wie es Vorschrift ist, mitten aus seinen Vorbereitungen zum fünften Gang heraus, so hätte er mich möglicherweise vor versammelter Tafel angeschrien wie schon einmal vor sieben Jahren!

Deswegen habe ich Dellegh ganz offiziell in seiner Eigenschaft als Oberhofmeister um ein Gespräch ersucht. Im übrigen werde ich im geheimen meine Weiterbildungsanstrengungen verstärken (am Institut für Kameralistik), denn ich will sicher nicht bis ans Ende meiner Tage Soßenschenk bleiben.

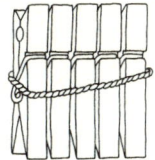

Anank, Zeremonienmeister, überwacht den Service, fragt den König nach seinen Wünschen

Deperesch, Fleischteiler, portioniert die festen Speisen beziehungsweise gibt dem Ersten Speisenkellner die Anweisung dazu, unmittelbarer Vorgesetzter aller (ca. 25) Speisenkellner, gleichrangig mit dem Soßenschenk

Skisto, Oberkoch, plant die Speisenfolgen und überwacht ihre Zubereitung, weisungsberechtigt gegenüber dem Würzkoch, gleichrangig mit dem Zeremonienmeister

Sterrez, Würzkoch, leitet das gesamte Kochen, unmittelbarer Vorgesetzter von rund 70 Köchen, darf als einziger an der Tafel nachwürzen

Dellegh, Oberhofmeister, vom König neuerdings auf Sparsamkeit bei Personalausgaben verpflichtet

Teilnahmeberechtigt am Kleinen Personalkonvent; offene Rollen: Erster Beikoch

Erster Soßenkellner

Erster Speisenkellner

Offene Rollen bei Bedarf:
Hedraphil, Kanzler

Nemschdir VII., König

BESCHREIBUNG DER ROLLEN

Anank, Zeremonienmeister
Deine Aufgabe ist es, für einen reibungslosen Ablauf des Freitags-
dinners zu sorgen. Doch was heißt schon „reibungslos", wenn nicht
weniger als 311 Menschen beteiligt sind (einschließlich der Gäste)!
Eine fast nicht zu lösende Aufgabe! Die einzige Möglichkeit, dieses
Problem einigermaßen in den Griff zu bekommen, ist ein festes, be-
währtes System von Regeln, die alle kennen und an die sich alle
halten müssen.
Eigenmächtigkeiten von einzelnen, selbst wenn sie begründet erscheinen, können nicht geduldet werden, weil niemand − am wenigsten
der Eigenmächtige selbst − übersehen kann, welche Auswirkungen
sie haben. Nach deinen Erfahrungen gibt es nicht „ein bißchen"
Unordnung, sondern nur entweder Ordnung oder das Chaos.
Deswegen bleibst du bei deiner Rüge für Hüstri, und du mußt es
auch, weil schließlich Dellegh den Vorfall beobachtet hat.


Deperesch, Fleischteiler
Du arbeitest an der wichtigen Nahtstelle zwischen Küche und Service
und achtest darauf, daß du mit beiden Gruppen gut stehst. Mit Sterrez, dem Würzkoch, verbindet dich eine (wie du hoffst gegenseitige)
Sympathie, aber aus Sacherwägungen fändest du es angebracht, daß
Hüstri das Nachwürzrecht hätte. Hüstri scheint dich aber persönlich
abzulehnen, das schließt du aus gewissen Anzeichen, und das belastet
etwas die Arbeitsatmosphäre im Service.
Manchmal grübelst du noch zu Hause darüber nach, warum Anank
deine Leistungen nicht recht zu würdigen scheint, und du überlegst, wie
du deine Arbeit noch mehr zu seiner Zufriedenheit gestalten könntest.
Bevor es zum Personalkonvent kommt, wirst du noch Sterrez um seine Meinung fragen.

124

## Skisto, Oberkoch

Du bist dir der Wichtigkeit deiner Arbeit wohl bewußt. Deine Untergebenen beurteilst du ausschließlich nach ihrer fachlichen Leistung, da du gelernt hast, daß sich persönliche Gefühle nur störend auf die Arbeit auswirken. Diese doch recht trivialen Dramen und Eifersüchteleien unter dem Personal sind ja auch eher im Servicebereich als in der Küche zu beobachten. Du hast aber selbstverständlich auch zum Servicepersonal ein ungetrübtes und sachbezogenes Arbeitsverhältnis.

Als Lösung für das — unnötig aufgebauschte — Problem des Nachwürzens schwebt dir die Neueinstellung eines Unterwürzkochs vor, der überwiegend mit der Nachwürzung an der Tafel betraut sein soll, weil offensichtlich ist, daß Sterrez mit der Leitung des eigentlichen Kochvorgangs mehr als ausgelastet ist.

Das Servicepersonal sollte aus prinzipiellen Erwägungen nicht mit Nachwürzaufgaben betraut werden.

## Sterrez, Würzkoch

Du hast oft genug darauf hingewiesen, daß du mit Kochen und dem Nachwürzen beim König bis an den Rand der Erschöpfung belastet bist. Im übrigen warst du noch nie kleinlich und findest daher, daß ein gut ausgebildeter Soßenschenk oder auch Fleischteiler ohne weiteres bei den minderen Gästen das Nachwürzen übernehmen könnte. Notfalls könnte auch ein anstelliger Beikoch dafür abgeordnet werden. Diese Lösungen erscheinen dir immer noch viel besser, als wenn du im entscheidenden Moment vom Herd weg zu einem dieser geschmacksarmen Provinzgäste gerufen wirst. Eine Neuregelung hältst du also für überfällig, aber sie muß formell erfolgen, nicht unter der Hand; die Serviceleute sollen sich keine Küchenbefugnisse erschleichen dürfen!

## Dellegh, Oberhofmeister

Dir liegt die Zufriedenheit des Königs und das glatte Funktionieren des Hofstaates am Herzen, und dafür setzt du die rechten Leute ein. Wie die das Ziel erreichen, müssen sie selbst wissen. In Kompetenzstreitigkeiten wirst du dich nicht so schnell einmischen, zumal Neid und Rivalität unter dem Personal, solange sie in normalem Maß vorkommen, dir die Führung erleichtern.

Du wirst also einen sogenannten Kleinen Personalkonvent mit Teilnehmern bis zur mittleren Führungsebene anordnen. Diese wird vom Zeremonienmeister und vom Oberkoch gleichberechtigt geleitet (während du dienstlich abwesend bist) mit dem Ziel, eine Vorlage zu erarbeiten, die dann von dem Großen Konvent beschlossen und von dir – vielleicht – bestätigt wird.

Ob du Hüstri zu einem persönlichen Gespräch empfangen wirst, weißt du im Moment noch nicht. Vielleicht bestellst du ihn gemeinsam mit Sterrez ein.

Jeder Lösung, die Geld kostet, zum Beispiel Neueinstellungen von Personal, wirst du dich selbstverständlich nicht fügen.

DIE GEHEIMEN SPIELABSICHTEN

Hüstri

Ich bin jetzt so richtig schön in Fahrt, und die Vorstellung, daß am Ende doch alles beim alten bleiben könnte, macht mich kribbelig. Notfalls werde ich Dellegh mit Kündigung drohen, damit sich etwas bewegt.

Anank

Mir wird richtig kalt, wenn ich mir vorzustellen versuche, daß die Würzordnung verändert werden könnte! Nie, nie, nie, solange ich Zeremonienmeister bin!

Deperesch
Ich werde mit Hüstri und Sterrez bei einem Glas Wein in Ruhe reden,
um beide – noch vor einem eventuellen Konvent – zu einer güt-
lichen Einigung zu bewegen. Es wäre doch schade, wenn der Zusam-
menhalt eines so guten Teams durch eine blöde Sachfrage gefährdet
würde!


Skisto
Wenn mein Vorschlag nicht realisiert werden kann, muß auf jeden
Fall wenigstens allen Übergriffen des Servicepersonals in den Koch-
und Würzbereich ein Riegel vorgeschoben werden.


Sterrez
Ich werde, wenn der Karren festgefahren ist, eine Kompromißlösung
vorschlagen:
a) Hüstri wird gefeuert, damit die Ordnung siegt.
b) Sein Nachfolger muß einen Würzkurs nachweisen und darf dann
offiziell nachwürzen, damit ich entlastet bin.


Dellegh
Ich erwarte von den Personalkonventen keine befriedigende Lösung.
Ich werde das Personal also auf die Schwächen seiner Vorschläge
hinweisen und dann in aller Diskretion Benimmkurse für Gäste ein-
richten, so daß nie wieder jemand einen Nachwürzwunsch aus-
spricht.

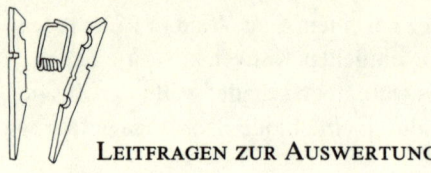

Für die einzelnen Spieler:
Wie schwer oder wie leicht ist es mir zu Beginn des Spiels gefallen, mich in meine Rolle zu finden?

Wie habe ich den Rollenwechsel erlebt? Ist die Spielfreude „mit mir durchgegangen"? In welcher Rolle, an welcher Stelle?

Ist es mir wichtig, den anderen Gruppenmitgliedern zu erklären, daß ich „in Wirklichkeit" nicht so bin, wie ich gespielt habe?
Was habe ich davon, daß ich mich „normalerweise" nicht so verhalte wie im Spiel?

Für die Gruppe:
Vielleicht hat es Spaß gemacht, Hierarchie und Rivalität so richtig – oder gar übertrieben – auszuspielen. Wenn nun alle ihre Rollen abgelegt haben – was bleibt übrig vom Thema Rivalität?

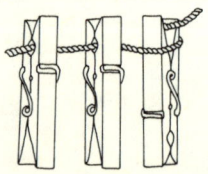

ERWEITERUNGSMÖGLICHKEITEN

Wie beim achten Spiel „Kompetenznachweis", siehe S. 108.

# Der Umgang mit Autorität(en)

Jedes mittlere lateinisch-deutsche Taschen-
lexikon hat für das lateinische Wort auctori-
tas vierzig oder mehr Übersetzungsmöglich-
keiten anzubieten. Sie reichen von Bürg-
schaft und Beglaubigung über Glaubwürdigkeit, maßgebendes Beispiel, Würde und Einfluß bis Erklärung (die jemand abgibt) und
Beschluß; natürlich heißt eine der Übersetzungen auch Autorität,
und darin schwingt ja von den anderen Bedeutungen manches mit.
Allen gemeinsam ist, daß es um das Setzen von Ordnungen zwischen
Menschen geht. Um die dauernde (und dauernd notwendige) Erörte-
rung der Frage, wie solches Ordnungsetzen auszusehen habe, hat sich
die pädagogische und politische Kultur, einschließlich der Wissen-
schaft, zu kümmern. Das Kleine Planspiel kann zu diesem Prozeß der
Prinzipienfindung bestenfalls punktuell beitragen.
Im Spielen nämlich kann der einzelne Angehörige eines sozialen Be-
rufs für sich herausfinden, wie sein eigenes Verhältnis zur Autorität
aussieht.
Vor einer Wertentscheidung mit möglichst allgemeiner Gültigkeit
stellen sich persönliche Fragen:
Wieviel Einfluß gebe ich durch mein Verhalten den Autoritäten?
Wie bin ich (oder mache ich mich) abhängig?
Wie gehe ich mit Macht um − der von anderen und meiner eigenen?
Auf welche Weise vertrete ich meine eigene Meinung?

Wie gut kann ich die Existenz abweichender Meinungen ertragen?
Wie wichtig ist mir in unklaren Situationen ein „Machtwort"?
Das spielende Erleben in der Gruppe und ihr schützender Rahmen
können zu lernwirksamen Antworten auf solche Fragen führen.

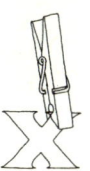

| | |
|---|---|
| Protagonist: | Leiter einer Beratungsstelle, 35 |
| Mitspieler: | 6 bis 8 |
| Gesamtdauer: | 6 bis 8 Stunden |
| Schauplatz: | Beratungsstelle oder ähnliche Institution |
| Zielgruppe: | Feste Arbeitsteams im Helferbereich |
| Mögliche Lernziele: | Bearbeitung von Solidaritäts- und Loyalitätskonflikten in einem festen Team einüben. Umgang mit Leitung und Kontrolle. |

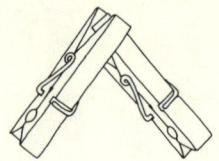

An der Beratungsstelle (es ist nicht wichtig, welchem Zweck sie genau dient) in Feldheim sind ein Diplom-Psychologe, Sigi Thieme, eine Diplom-Psychologin, ein Sozialpädagoge, eine Kinder- und Jugendlichen-Psychotherapeutin und eine Verwaltungsangestellte tätig. Träger der Stelle ist der Landkreis. Sigi Thieme ist offiziell der Leiter, betont aber den Team-Aspekt und die Eigenverantwortlichkeit der einzelnen Mitarbeiter. Äußeres Indiz für gute Verständigung im Team ist das unverkrampfte „Du" als Anrede zwischen allen. Wenn Verwaltung oder Öffentlichkeit sich mit der Stelle befassen, wird aber regelmäßig der Stellenleiter allein angesprochen oder zitiert.

Nun trägt seit einem knappen Jahr Adelheid Presser, die Kinder- und Jugendlichen-Psychotherapeutin, als Zeichen ihrer Zugehörigkeit zu einer weltanschaulichen Gruppierung nur noch Kleider in einem bestimmten Farbton und um den Hals ein Medaillon mit dem Kleinporträt ihres geistigen Führers. Das hat zunächst als ihre Privatsache niemanden gekümmert und weder die Arbeit noch die Verständigung im Team beeinträchtigt. Dann aber hat eine ratsuchende Mutter an der Aufmachung Anstoß genommen, und sie war es vermutlich auch, die den Leiter des Kreis-Sozialamtes anonym von dem „Skandal" verständigt hat. Der korrekte Oberamtsrat ruft nun seinerseits den Leiter der Beratungsstelle an und fordert ihn auf, den „Sachverhalt" zu überprüfen und „gegebenenfalls" die Kollegin zu veranlassen, „auf weltanschauliche Demonstrationen im Dienst zu verzichten". Das Planspiel kann mit diesem Telefongespräch beginnen.

Ob und wie die Öffentlichkeit in der Person eines Zeitungsredakteurs in das Spiel einbezogen wird, muß sich aus dem Verlauf ergeben.

Das Milieu ist eindeutig kleinstädtisch-ländlich gedacht; die Situation wird sich nur nach einigen Änderungen auf großstädtische Verhältnisse übertragen lassen.

Sigi Thieme sagt oder könnte sagen:
Offiziell bin ich Leiter der Stelle. „Leiter" heißt für mich, daß ich für
den Verwaltungskram verantwortlich bin, nicht, daß ich meinen Kolleginnen und Kollegen Weisungen erteile. Wir verstehen uns insge-
samt als Team, und jeder übernimmt die Verantwortung für seine
Arbeit selbst, egal, welche Funktion er oder sie hat. Daß es trotzdem
so etwas wie eine Konzeption der Beratungsstelle als Ganzes gibt,
liegt daran, daß wir die Kommunikation untereinander sehr ernst
nehmen. Wir machen zweimal in der Woche, Dienstagmorgen und
Donnerstagabend, mindestens je eine Stunde Teambesprechung,
arbeiten mit den Klienten oft (und in den Gruppensitzungen immer)
zu zweit und haben auch eine gemeinsame Supervision (bei der allerdings Claudia, unsere Sekretärin, nicht dabei ist; mir wäre es zwar
recht, wenn sie mitmachte, aber die Mehrheit ist dagegen, es gibt
auch wichtige Argumente, zum Beispiel: Wer geht so lange ans Telefon?).
Daß jetzt die Adelheid so an diesem Guru hängt, gefällt mir persönlich zwar nicht, ist aber klar ihre Privatsache. Ich muß sie auf alle
Fälle gegen den Druck der Verwaltung in Schutz nehmen, allerdings
sollte da das übrige Team auch dahinterstehen. Also: ein ebenso
unnötiges wie drängendes Problem, das gleich in der nächsten Besprechung (nicht in der Supervision, wie Hafis meint) drankommen
muß. Ich freue mich nicht darauf.

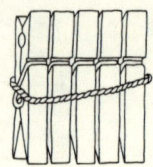

Erdmuthe (genannt Mu) Roshöfer, 40, Diplompsychologin, arbeitet halbtags

Hans-Friedrich (genannt Hafis) Stumm, 25, Sozialpädagoge, in der Arbeit engagiert

Adelheid Presser, 46, Psychagogin (offizielle Bezeichnung inzwischen: Kinder- und Jugendlichen-Psychotherapeutin), zunehmend skeptisch gegen die analytische Methode

Claudia Waeltin, 26, Verwaltungsangestellte, nimmt Anteil an der Beratungsarbeit

Alfred Weiss, 58, Oberamtsrat bei der Landkreisverwaltung, Leiter des Sozialamts

Offene Rollen bei Bedarf:
Horst Biltz, 30, Lokalredakteur, nicht zynischer als seine Kollegen

Peter Feldmann, 47, Supervisor, promovierter Psychologe mit privater Praxis

Erdmuthe (Mu) Roshöfer
Du arbeitest halbtags an der Beratungsstelle. Eigentlich würdest du lieber etwas mit Kunst und/oder Pädagogik machen. Du bist anthroposophisch angehaucht (oder sonstwie weltanschaulich orientiert), was fruchtbare Impulse, aber auch Momente der Verständnislosigkeit bei den anderen in die Arbeit bringt.
Deine zwei Kinder, 14 und 16, und dein Mann auf der einen, die Berufstätigkeit auf der anderen Seite, das überfordert dich oft.

Hans-Friedrich (Hafis) Stumm
Du bildest dich weiter in Transaktionsanalyse (oder, wahlweise, wie es dir paßt, Biodynamik, NLP, Focussing...), wovon du dir, außer mehr beruflicher Kompetenz, eine persönliche Aufwertung gegenüber den Diplompsychologen erhoffst.

Adelheid Presser
Du legst Wert darauf, niemals Heidi genannt zu werden. Ursprünglich warst du Lehrerin, dann kamen acht Jahre analytische Ausbildung zur (damals noch so genannten) Psychagogin. An der Beratungsstelle bist du jetzt seit fünf Jahren.
Schon bald nach Beendigung deiner Ausbildung begannst du am Sinn der rein analytischen Arbeit zu zweifeln, machtest dann viel in Gruppen (hauptsächlich Encounter, auch Marathons und Urschrei) und hast nun unter den Anhängern deines weltbekannten Gurus den Kreis von passenden Menschen gefunden, nach dem du lange gesucht hast. Dort heißt du übrigens Asheena.

Claudia Waeltin

Du bist tüchtig, nüchtern, bei vielen Klienten wegen deiner freundlichen (Telefon-) Stimme beliebt und eine Art Extra-Vertrauensperson, obwohl (oder weil?) du nie einen Rat gibst. Du arbeitest gern an der Stelle, bist aber eisern, was den Feierabend betrifft; zum Beispiel verläßt du die sich üblicherweise in die Länge ziehenden Teambesprechungen am Donnerstagabend ohne weiteres Schlag siebzehn Uhr, und zwar mehr aus Prinzip als – was sicher auch eine Rolle spielt – weil dein Mann auf dich wartet.

Alfred Weiss

Du hast als Inspektor-Anwärter angefangen, dann kam die Ochsentour immer in der Kreisverwaltung, einschließlich erfolgreich absolvierter Lehrgänge und Kurse. Seit neun Jahren bist du Leiter des Sozialamts, das der Beratungsstelle übergeordnet ist. Normalerweise betreffen deine Kontakte mit der Stelle die Finanzen (die du nur sparsam herausrücken darfst) und die jährliche Statistik. In die Führung der Beratungsstelle und ihre Arbeit im einzelnen hast du bisher nicht hineingeredet. Zur Zeit steht die Bewilligung einer weiteren Personalstelle an.

Wenn du in der Zeitung erwähnt wirst, dann als Vorsitzender des örtlichen Schachclubs. Das ist dir wichtig.

Horst Biltz

Du bist Leiter der Lokalredaktion des „Feldheimer Boten". Du hast gelernt: Der Leser der Lokalseiten will keine Sensationen und keinen Ärger; er will erstens Bilder, zweitens Namen und drittens klare, kurze Tatsachen, am liebsten von sich selbst. Öffentlich kritisieren soll man Zustände, aber möglichst keine Personen, denn entweder sind sie unbekannt, dann ist Kritik witzlos, oder sie sind mächtig, zum Beispiel Inserenten, und dann ist Kritik gefährlich.

**Sigi Thieme**
Ich brauche im Moment wegen der Personalstelle, die wir beantragt haben, dringend einen guten Draht zur Kreisverwaltung. Wenn der Weiss darauf besteht, daß die Adelheid ihr Medaillon bei der Arbeit nicht trägt, lasse ich es nicht auf eine Kraftprobe ankommen.

**Mu Roshöfer**
Ich bin eh' auf dem Absprung — auch wenn das noch niemand weiß — und werde wegen diesem Gurubildchen-Theater keine eigenen Kraftreserven anzapfen.

**Hafis Stumm**
Wenn der Sigi für Adelheids Mala-Schwachsinn einen Konflikt riskiert, werd' ich ihn aus Solidarität unterstützen, aber ich tu's nur für ihn und für die Beratungsstelle, daß die da oben nicht meinen, sie könnten mit uns alles machen.

**Adelheid Presser**
Mal sehen, was für Menschen die Leute sind, die mir hier etwas zu sagen haben. Mir kommt es nicht auf Kleiderfarbe und Mala an, ich muß sie ja nicht tragen. Aber wenn die mich hier zu irgendwas zu zwingen versuchen, dann kann ich in dem Laden nicht mehr mitarbeiten.

**Claudia Waeltin**
Ich stehe gefühlsmäßig auf Adelheids Seite, habe aber nicht vor, mich irgendwie einzumischen.

**Alfred Weiss**
Ich werde tun, was meine Pflicht ist, damit die Beratungsstelle in der Öffentlichkeit nicht in Verruf kommt. Wenn der Stellenleiter den Skandal nicht abstellt, muß ich Frau Presser aufs Amt bestellen und deutlich mit ihr reden.

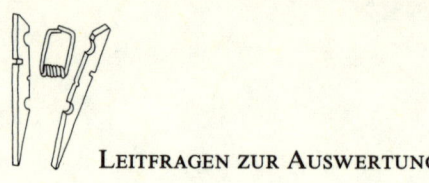

Für die einzelnen Spielerinnen und Spieler:
Hat das Auftreten oder Eingreifen von Autoritäten während des
Spiels meine Meinung oder mein Gefühl verändert? Wie?

Mit wem (welcher Rolle) war ich ganz einverstanden, wer oder was hat
mich aufgeregt? Was hat möglicherweise beides mit mir selbst zu tun?

Für die Gruppe:
Gab/gibt die Gruppe allen Spielern die gleiche Chance, ihre Rolle
oder eine bestimmte Abstempelung wieder loszuwerden und sich als
ein anderer (eine andere) zu zeigen?

Zur Kontrolle: Die Gruppe kann einmal versuchen zu klären, wie die
Rollen auch, aber ganz anders hätten verteilt werden können.

ERWEITERUNGSMÖGLICHKEITEN

Dieses Spiel eignet sich besonders als Einstieg in eine länger dauernde,
vertiefte Gruppenselbsterfahrung. Ein nicht ständig zur Gruppe gehö-
render, möglichst erfahrener Leiter ist hierfür aber dringend anzuraten.
Wenn sich das Thema „Autorität" als für die Gruppe besonders aktuell erwiesen hat, wären mit Spielen aus dem Themenkreis „Kompetenz" sicher weitere, wichtige Lernerfahrungen zu machen.

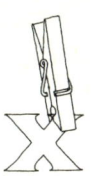

| | |
|---|---|
| Protagonistin: | Mutter (34) eines behinderten Mädchens |
| Mitspieler: | 6 |
| Gesamtdauer: | 6 bis 12 Stunden |
| Schauplätze: | Heim und eventuell Privatbereich |
| Zielgruppe: | Das Spiel ist für eine Frauengruppe von Heilerziehungspflegerinnen, Sozial- und Sonderpädagoginnen konzipiert; es läßt sich aber auch in gemischten Gruppen (zum Beispiel festen Teams in Heimen) einsetzen |
| Mögliche Lernziele: | Das Problem der Sexualität bei behinderten Frauen besser verstehen. Bei Konflikten mit Autoritätspersonen (Heimleiter, Lehrerin) die eigenen Anteile (Ängste, Vorurteile usw.) erkennen; konstruktive Lösungen sehen und einüben; aushalten, daß es manchmal keine befriedigenden Lösungen gibt. |

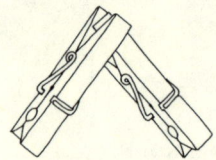 

Nadja Ohmig (15) ist seit acht Jahren im Katharinenheim, einer größeren Einrichtung (mit kirchlichem Träger) für behinderte Kinder und Jugendliche. Das Heim verfügt über besondere Rehabilitationsgruppen, einen ausgebauten psychologischen Dienst und eine eigene Heim-Sonderschule.

Kurz vor den Sommerferien erhält Frau Permitz-Ohmig, Nadjas Mutter, folgenden Brief:

Sehr geehrter Herr Ohmig,
sehr geehrte Frau Ohmig,
wie Sie wissen, liegt uns sehr daran, mit den Eltern unserer Schutzbefohlenen einvernehmlichen Kontakt zu halten, besonders bei anstehenden Problemen.

Ihre Tochter Nadja ist nun mittlerweile fünfzehn Jahre alt, das heißt in einem Alter, das bei behinderten wie bei nicht behinderten Mädchen nicht ganz unproblematisch ist. Deswegen wäre uns ein Gespräch mit Ihnen hinsichtlich entwicklungsbedingter Besonderheiten beziehungsweise auch eventueller Vorsorgemaßnahmen in der nächsten Zeit sehr gelegen.

Bitte setzen Sie sich daher mit Frau Mutter, der Leiterin von Nadjas Gruppe, wegen eines Gesprächstermins noch vor den Sommerferien in Verbindung.

Im übrigen wünsche ich Ihnen und Ihrer Familie Gottes Segen und bin mit freundlichen Grüßen

Ihr
Dr. B. Paulhans
Heimleiter

Frau Permitz-Ohmig ist durch diesen Brief sehr beunruhigt. In einem Telefongespräch mit Angela Mutter, der Gruppenleiterin, zu der sie Vertrauen hat, erfährt sie, was diese weiß: Nadja ist auf dem Schulhof dem zufällig vorbeikommenden Praktikanten Daniel Wischke, 21, um den Hals gefallen. Dieser hat die Umarmung „nicht nur geduldet, sondern sogar erwidert", und dies ist ein wörtliches Zitat der Lehrerin Renate Klammer, 44, die den „Vorfall" beobachtet und an die Heimleitung und − erst danach − an die Gruppenleiterin gemeldet hat.

PROTAGONISTENROLLE

Ilo Permitz-Ohmig sagt oder könnte sagen:
Ich bin jetzt 34 Jahre alt, verheiratet, von Beruf Technische Zeichnerin. Außer der geistigbehinderten Nadja haben wir noch einen völlig normal entwickelten Jungen, der jetzt zehn ist. Zuerst wollte ich ja gar keine Kinder mehr, aber wie es eben so geht...
Auch bei unserer Jüngsten, der Mireille, ist es mehr oder weniger „passiert", aber jetzt bin ich echt froh, daß wir sie haben, so fröhlich wie sie ist und unheimlich helle mit ihren fünf Jahren.
Es ist wichtig für mich, daß Nadja in dem Heim so gut aufgehoben ist, sonst hätte ich sie auch gar nicht weggegeben. Die holen da echt noch was aus ihr raus, was ich nie gedacht hätte, sogar Schreiben und so, und Singen, obwohl, das konnte sie eigentlich schon immer.
Und jetzt soll sie sich auf einmal für Jungen interessieren, mein Gott! Andererseits, schließlich ist sie fünfzehn und hat wohl Gefühle wie jedes andere Mädchen auch. Das macht mir schon Angst. Was ist zum Beispiel, wenn ihr einer ein Kind andreht? Können die das im Heim überhaupt verhindern? Ich darf gar nicht daran denken! Also ich, als ich sie mit neunzehn kriegte, ich wußte doch wenigstens, was los war, so ungefähr jedenfalls.

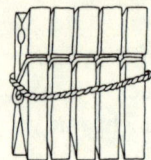

Nadja Ohmig, 15, geistig behindert, bei starken Gefühlen hilflos

Reinhard Ohmig, 36, Vater, hält sich möglichst raus

Renate Klammer, 44, Lehrerin, großes Helfer-Ethos, streng zu sich und anderen

Daniel Wischke, 21, Praktikant

Angela Mutter, 29, Heilerziehungspflegerin, stark im Beruf engagiert, Gruppenleiterin in Nadjas Gruppe

Benedikt Paulhans, 52, Dr. jur., Dipl.-Theologe, guter Organisator, Führung geht ihm vor Kollegialität

Weitere offene Rollen nach Bedarf.

BESCHREIBUNG DER ROLLEN

Nadja Ohmig
Versuche dir vorzustellen, daß du geistig behindert bist (aber nicht „plemplem"), vielleicht so, daß Gefühle manchmal unmittelbar in Handlungen übergehen, ohne daß du etwas durch Denken oder Vorausberechnen entschärfen oder kontrollieren kannst. Du bist in der Lage zu denken, wenn du Zeit hast und ungestört bist, erlebst es aber als ungeheuer mühsam, formulierten Gedanken von anderen zu folgen.

Reinhard Ohmig
Falls du überhaupt ins Spiel kommst, was du deiner Rolle gemäß zu
verhindern suchen wirst, wimmelst du ab, was nur geht. Schließlich
ist Erziehung Frauensache.

Renate Klammer
Du liebst deine Schulkinder, ja opferst dich für sie auf und hast mit viel
Geduld schon erstaunliche Bildungserfolge gehabt. Aber zu lieben
heißt nicht, auf ethische Forderungen zu verzichten. Es geht nicht an,
daß Kinder mit fünfzehn in aller Öffentlichkeit rumschmusen. In diesem besonderen Fall wären überdies die Folgen nicht auszudenken.

Daniel Wischke
Du hast das Studium – Sozialpädagogik – nach einem Semester
wieder aufgegeben, weil es dir zu theoretisch war; auch wegen der
schlechten Berufsaussichten. Nun bereitest du dich auf den Beruf des
Heilerziehungspflegers vor.
Du fandest es ein schönes Gefühl, die hübsche Nadja im Arm zu halten, das läßt du dir von gewissen ziemlich verklemmten Tanten auch
nicht abhandeln. Oder soll ein Mädchen nicht ein bißchen schmusen
dürfen, bloß weil sie behindert ist? Allerdings wäre es dir gar nicht
recht, wenn sie dir jetzt immer nachlaufen würde.

Angela Mutter
Du engagierst dich (nicht übermäßig) in der Frauenbewegung und
stehst in dem sich anbahnenden Konflikt voll auf Nadjas Seite. Du
willst alles tun, um sie vor verletzenden Erlebnissen zu schützen und
richtest dich voller Spannung auf einen Zwei-Fronten-Krieg gegen die
Chauvis oben (Heimleiter) und unten (Praktikant) ein. Du hoffst,
daß dir dann noch Kraft bleibt, um einmal generell das Thema
„Sexualität bei behinderten Frauen" auf den Tisch zu kriegen.

Benedikt Paulhans
Du bist verantwortlich dafür, daß hier alles klappt. Dazu gehört in
Gottes Namen Führung. Wenn Führungsmaßnahmen einzelnen Angestellten wehtun, das kannst du hinnehmen; das Personal hier
braucht dich nicht unbedingt zu lieben; die sollen die Kinder lieben,
für die sie da sind.

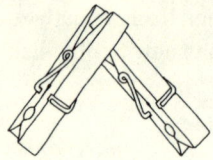

1. Ilo Permitz-Ohmig muß mit ihrem Mann absprechen, was zu tun ist, obwohl sie von ihm wenig Hilfe erwartet.

2. Sie will auch, bevor sie zum Katharinenheim reist (elf Stunden Fahrt), noch einmal mit Angela Mutter telefonieren.

3. Angela Mutter will mit Daniel Wischke und möglichst noch anderen Augenzeugen sprechen, um rauszukriegen, was wirklich war. Sie ist gerührt, weil Nadja ganz ungewöhnlich sanftmütig ist, immer mit einem verklärten Gesicht rumläuft und dabei murmelt „Is so lieb, is so lieb".

4. Angela Mutter sieht auch eine Auseinandersetzung mit Frau Klammer, der Lehrerin, auf sich zukommen. Sie hält deren „Meldung" für übertrieben und überlegt sich, ob sie den Stier bei den Hörnern packen und von sich aus auf Frau Klammer zugehen soll.

5. Renate Klammer ist ernsthaft besorgt, denn Nadja ist ein ungewöhnlich hübsches Mädchen. Da offenbar niemand ihre Sorgen richtig ernst nimmt, muß sie wohl noch einmal die Initiative ergreifen.

Hinweis: In diesem Spiel gibt es keine geheimen Spielabsichten

Für die einzelnen Spielerinnen:
Wo habe ich mich gefreut, wo geärgert, wo kroch in mir die Angst hoch?

Wenn ich eine Person mit Machtentfaltung gespielt habe (nicht zu vergessen: die Macht der Schwachen!), welche Gefühle habe ich dabei wahrgenommen?

Was sehe ich jetzt klarer, was verwirrt mich eher mehr?

Habe ich etwas Neues erfahren über den Zusammenhang zwischen persönlicher Betroffenheit und gesellschaftlicher Veränderung?

Für die Gruppe:
Ist in der Gruppe eine Norm entstanden, daß eine der folgenden drei Verhaltensweisen besser/wertvoller sei als die anderen:
1. Mitleiden,
2. sich selbst verändern,
3. für politische Veränderung kämpfen?

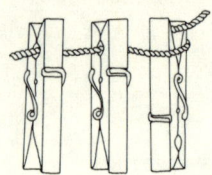 

Dieses Spiel ist in einem Bereich angesiedelt, in dem sich die Notwendigkeiten zu persönlicher wie zu politisch-gesellschaftlicher Veränderung überschneiden. Beide Veränderungsformen – man könnte auch sagen: das Lernen und der Fortschritt – bedingen sich gegenseitig. Daher liegt es nahe, daß die Gruppe im Anschluß an das Spiel beides versucht: mit der Kraft der Gemeinsamkeit persönliches Wachstum ebenso wie politische Veränderung anzustreben. Das bedeutet Zusammenarbeit über einen längeren Zeitraum.

Ein weiteres Kleines Planspiel, etwa aus dem Helfer-Themenkreis, kann nach einer gewissen Zeit ein Gegengewicht gegen möglicherweise entstehende Resignation (auch gegen eine eventuelle Theorielastigkeit) bilden.

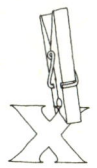

Protagonist:            Pfarrer, Ende 30

Mitspieler:             7

Gesamtdauer:            8 bis 12 Stunden

Schauplätze:            Dort, wo sich Mitglieder einer Kirchengemeinde
                        außerhalb der Gottesdienste treffen

Zielgruppe:             Personen, die in der Gemeindearbeit haupt-
                        oder nebenamtlich tätig sind oder werden wol-
                        len: Pfarrgemeinde-, Stiftungs- und Ältesten-
                        räte, Pfarrer, Religionspädagogen, Gemeinde-
                        referenten, Sozial- und Jugendarbeiter usw.

Mögliche Lernziele:     Das Friedensthema auch als unmittelbar per-
                        sönliches und zwischenmenschliches Problem
                        erleben − das Durchhalten (und notfalls
                        Durchsetzen) eigener Überzeugungen (auch ge-
                        gen eigene Angst und äußere Macht) einüben −
                        Wege aus Konfliktsituationen finden, bei denen
                        keiner der Beteiligten sich als „Sieger" oder
                        „Unterlegener" fühlt − unaufhebbare Unter-
                        schiede zwischen verschiedenen Persönlichkei-
                        ten und Wertüberzeugungen aushalten lernen.

Die Thomaspfarrei in Ängstlingen umfaßt eine christliche Gemeinde von etwa 3000 Seelen (die Konfession soll keine Rolle spielen). Ängstlingen hat als politische Gemeinde etwa 25 000 Einwohner und liegt rund 100 Kilometer von der nächsten Großstadt entfernt. Die Bewohner leben von etwas Handel, Gewerbe, mittelständischer Industrie und − nicht zuletzt − von der nahegelegenen Garnison mit amerikanischen Raketeneinheiten.

Eine wachsende Friedensbewegung befaßt sich zunehmend kritisch mit den Raketendepots. Der Konflikt zwischen der Friedensbewegung und einem eher konservativen Teil der Bevölkerung droht unter anderem deswegen besonders heftig zu werden, weil die Garnison für Ängstlingen einen bedeutenden Wirtschaftsfaktor darstellt, und dies „seit Menschengedenken" (vor dem Krieg lagen schon Artillerieverbände der Reichswehr dort).

Vor diesem Hintergrund muß die tiefe Meinungsverschiedenheit gesehen werden, die auch den Kirchengemeinderat der Thomaspfarrei ergriffen hat und dort zum offenen Streit zu werden droht. Anlaß ist die Teilnahme von zwei Ratsmitgliedern an einer Sitzblockade und ihre anschließende Verurteilung durch ein Amtsgericht zu einer Geldstrafe wegen Nötigung. Ein anderer Kirchengemeinderat, Mitglied im sogenannten Engeren Kreis, hat, unterstützt durch etwa ein Drittel der Ratsmitglieder, öffentlich (in einem Leserbrief) die beiden zum Rücktritt aufgefordert, da sie als rechtskräftig Verurteilte ein schlechtes Vorbild in der Gemeinde seien und ausgerechnet mit ihren Friedensparolen Unfrieden in die Gemeinde brächten.

Ordnung der Laienmitwirkung in der Gemeinde

Die Gesamtgemeinde wählt:

| | |
|---|---|
| den Kirchengemeinderat (24 Personen) | zuständig für: Kontrolle der Gemeindefinanzen, Organisation der sozialen Dienste, Mitsprache bei der Bestellung der Geistlichen |

dieser wählt:

| | |
|---|---|
| 1. die Kerngruppe (5 Personen) | zuständig für: Erarbeitung von Vorlagen für den Kirchengemeinderat |
| 2. den Vorsitzenden | zuständig für: Einberufung von Kerngruppe und Rat, Vorsitz in beiden |

PROTAGONISTENROLLE

Siegfried Dippel sagt oder könnte sagen:
Als ich mich entschloß, nicht Religionslehrer, sondern Pfarrer zu werden, gab neben dem tiefen Sinn, den Seelsorge heute hat, die Vielseitigkeit der Aufgabe den Ausschlag: mit Alten und Jungen, Engagierten und Skeptischen, Frommen und – manchmal auch – Lauen gleichermaßen zu arbeiten, das ist für mich eine Herausforderung, die mir hilft, nicht nachzulassen im bewußten Leben auf Gott hin.
Worauf ich nicht vorbereitet war, ist diese tiefe Spaltung, die derzeit durch meine Gemeinde geht – und ausgerechnet in der Friedensfrage! Gebe ich den einen recht, verliere ich das Vertrauen der anderen und umgekehrt, in jedem Fall. Die Möglichkeit zu einem Kompromiß sehe ich in dieser grundsätzlichen Frage nicht. Und täglich habe ich mehr das Gefühl, daß die Gemeinde auf eine Reaktion von mir wartet – und das mit ständig wachsendem Druck.

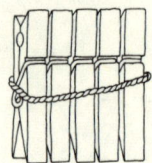

Matthias Ernst (26), Vikar, macht Jugendarbeit

Paul Konrad Servatius (58), Vorsitzender des Kirchengemeinderats, von Beruf Notar

Roland Pieske (42), Mitglied des Kirchengemeinderats, verurteilter „Blockierer", überzeugend in der Friedensbewegung, aber in der Öffentlichkeit gehemmt

Margarete Dolbetsch (74), Mitglied des Kirchengemeinderats, verurteilte „Blockiererin", hat vor niemand Angst, tritt sehr resolut auf

Henner (oder Henriette) Jusmann (22), Jugendvertreter(in) im Kirchengemeinderat, eher angepaßt

Dionys Lorder (62), Mitglied des Engeren Kreises (Kerngruppe), fordert den Rücktritt der „Blockierer"

Johanna Kurrasch (51), Mitglied des Engeren Kreises (Kerngruppe), sympathisiert mit den Blockierern, traut sich aber offenes Eintreten für sie nicht zu

Matthias Ernst
Du bist erst ein Vierteljahr in der Gemeinde, hast dich einigermaßen
eingelebt und in der Jugendarbeit Fuß gefaßt. Während du selbst
dich eindeutig auf der Seite der Friedensdemonstranten fühlst, hast
du – einigermaßen überrascht – erleben müssen, daß das Thema
auch unter den Jugendlichen kontrovers diskutiert wird, und da hast
du dich erstmal sehr um Geduld und Toleranz denjenigen Jugendlichen gegenüber bemüht, die Sitzblockaden als „gewaltsame" Nötigung ablehnen.
In deinem öffentlichen Verhalten schwankst du noch zwischen
„Flagge zeigen" und „allseitigem Verständnis".

Paul Konrad Servatius
Deine Weltanschauung wurde sehr stark vom Elternhaus geprägt
(Protestanten sollen es sich pietistisch, Katholiken „gut katholisch"
vorstellen). Diese Prägung hast du nie verleugnet und auch an deine
fünf Kinder weiterzugeben versucht.
Du vertrittst im Alltag eine christliche Ethik, die aber unpolitisch ist:
Gebt dem Kaiser, was des Kaisers ist und – fügst du hinzu – haltet
euch möglichst wenig auf mit seinem Reich, das ja nur von dieser
Welt ist.
Menschlich respektierst du die Motive der Blockierer, aber du siehst
ihre Tat nicht als christliches Handeln an.
Deswegen willst du den Fall auch nicht öffentlich im Rat verhandeln.

Roland Pieske
Du bist von Beruf Lehrer und giltst im Rat als pädagogisch sachver-
ständig, und man hört dich auch zu Jugendfragen. Nach Auftreten
und Kleidung würde man dich wohl eher für Anfang 30 halten.

Dienstlich bringt dir dein Engagement in der Friedensbewegung keine ernsthaften Schwierigkeiten, nur etwas (einkalkulierten) Ärger.

Die Teilnahme an der Blockade ist dir aus einem anderen Grund schwergefallen: große Öffentlichkeit und Menschenansammlungen sind dir zuwider. Aber du bist von der Richtigkeit deines Handelns ganz überzeugt. Du hast mehrfach geäußert, das Blockieren der Raketenfahrzeuge sei die einzig mögliche Verhaltensweise für einen Christen.

Nun machen dir aber die Anfeindungen durch einige Rats- und Gemeindemitglieder mehr zu schaffen als die ganze Gerichtsverhandlung samt Vermahnung durch die Schulbehörde.

## Margarete Dolbetsch

Du bist pensionierte Hebamme und verdankst deine respektlose Haltung unter anderem der Fähigkeit, dir alle Mächtigen und großartig Auftretenden als schreiende Babies vorzustellen. Seit fünf Jahren bist du aktiv in der Friedensbewegung und siehst dabei nicht den geringsten Widerspruch zu deinem Ehrenamt in der Kirchengemeinde.

Wenn es nach dir ginge, müßte der Kirchengemeinderat allsonntäglich geschlossen vor dem Raketengelände demonstrieren, mit dem Pfarrer an der Spitze.

Das wirst du diesen eingebildeten Männern – den feigen und dummen ebenso wie den Ja-aber-Intellektuellen – ganz deutlich sagen.

## Henner (Henriette) Jusmann

Bei der Blockade warst du nicht dabei, aber schon auf mehreren Friedensdemos. Im Prinzip sympathisierst du mit den Blockierern, aber persönlich geht dir der Pieske tierisch auf den Geist: wie der auf jugendlich macht, immer mit sanfter Stimme vom Frieden redet und auch früher im Unterricht eigentlich nur genervt hat! Daß ihr euch duzt, seit ihr beide im Rat seid, freut ihn sicher mehr als dich.

Dafür ist die Dolbetsch eine starke Frau, und natürlich wirst du gegen den Rücktritt der beiden stimmen, wenn es nötig wird.

## Dionys Lorder

Du hast dich zum leitenden Angestellten eines renommierten (eventuell staatlichen) Betriebs hochgearbeitet. Deine Erfolge und dein hohes Einkommen führst du auf drei Tugenden zurück, die du absolut vertrittst und für die Lehrlinge in deinem Betrieb auf die Kurzformel Ko-Le-Ge gebracht hast, das heißt: Korrekt − Legal − Genau. Raketenbasen zu blockieren ist nicht korrekt, da andere in einer guten Sache (hier Friedenssicherung) behindert und diffamiert werden; es ist offenkundig nicht legal, sonst wäre es nicht zur Verurteilung gekommen; und es ist schon gar nicht genau, weil die wirklich friedensbedrohenden Waffen ja wohl doch auf der anderen Seite zu finden sind.

Dies vertrittst du ohne unnötige Emotionen und ohne Abwertung der in Frage stehenden Personen. Weil diese jedoch in ihrem Amt Vorbildfunktion haben, forderst du − nicht zuletzt im Interesse der Jugend − ihren Rücktritt.


Johanna Kurrasch

Du bist Mutter und Hausfrau und findest in deinem Gemeindeehrenamt eine gute Möglichkeit, jetzt, da die Kinder größer sind, deine Kraft sinnvoll auch außerhalb der Familie einzusetzen. Du beschäftigst dich vor allem mit den sozialen Diensten, Altenbetreuung, Krankenpflege, Kinderhort usw.

Dagegen würde dich die Arbeit in einer Friedensgruppe weniger verlocken, weil dir mehr das ganz konkrete Zupacken liegt, während dich Diskussionen langweilen. Wenn aber überhaupt Friedensbewegung, dann wärest du eher bei den Blockierern als bei den Flugblattverfassern zu finden. Und so gilt dein großer Respekt denen, die tatsächlich blockiert haben und sich sogar wegtragen und verurteilen ließen.

Du findest, daß sie die eigentlichen Vorbilder sind, und obwohl du dir dieser Einsicht ganz sicher bist, hast du immer ein bißchen Angst, sie Leuten wie Herrn Servatius oder Herrn Lorder nicht klar genug machen zu können.

Siegfried Dippel
Ich werde eine Kirchengemeinderatssitzung zum Thema Blockierer nicht zulassen, sonst werden beide Seiten versuchen, mich zu sich zu ziehen.
Statt dessen werde ich – vielleicht in einer Predigt – eine ausgewogene Stellungnahme abgeben und damit die weitere Diskussion unterbinden. (Mein Gott, ich muß es machen wie der Papst!)


Matthias Ernst
Wenn ich etwas „Ausgewogenes" von mir gebe, bin ich nicht aufrichtig. Ich werde also dem Henner (der Henriette) Jusmann klar sagen, daß ich voll auf der Seite der Blockierer stehe. Ich mache das sobald wie möglich telefonisch. Da Henner mit Antje (Henriette mit Anton) Servatius befreundet ist, kommt's gleich an die richtige Adresse. Aber ich brauche mich dann nicht mehr vor mir selbst zu schämen.


Paul Konrad Servatius
Ich will in Einzelgesprächen zwischen den Parteien vermitteln mit dem Ziel, daß beide ihre extremsten Positionen zurücknehmen (zum Beispiel Herr Lorder die Rücktrittsforderung und Herr Pieske den Satz, Blockieren sei die einzig mögliche christliche Verhaltensweise), damit wenigstens die gegenseitigen Anfeindungen aufhören.


Roland Pieske
Und ich werde tatsächlich zurücktreten! Allerdings werde ich bei dieser Gelegenheit – eventuell in einer schriftlichen Erklärung – deut-

lich machen, wo die wirklichen Friedensstörer sind. Vielleicht ziehe ich dann einen festen Friedenskreis in der Gemeinde auf, angefangen mit der Jugend, und deswegen rufe ich sehr bald mal den Henner (die Henriette) an und rege ihn (sie) zum Mitmachen an.

Margarete Dolbetsch
Ich werde zum Pfarrer gehen, dafür ist es höchste Zeit, und ihn so lange bearbeiten, bis er auf unserer Seite ist.

Henner (Henriette) Jusmann
Ich glaube, diesmal unternehme ich aktiv gar nichts. Es ist nicht wegen der konservativen Servatius-family (weil ich zufällig mit Antje/Anton Servatius befreundet bin), sondern weil ich dem Lorder seine Zustimmung brauche, in der Kerngruppe, für die Vorlage über unser Jugendhaus-Projekt.

Dionys Lorder
Ich bin nicht verhandlungsbereit! Vor allem Pieske muß schon deswegen zurücktreten, weil er einen höchst unguten Einfluß auf unseren Jüngsten hat. Solche Pädagogen sind die falschen Propheten von heute.

Johanna Kurrasch
Ich werde allen Mut zusammennehmen und Herrn Lorder anrufen. Den Satz, den ich ihm unbedingt sagen will, schreib' ich auf, damit ich nicht wieder ins Stottern komme:
„Wenn Sie, Herr Lorder, Herrn Pieske und Frau Dolbetsch zum Rücktritt zwingen, dann gehe ich als nächste zum Blockieren und trete auch zurück, und ganz viele andere werden das ebenso machen, und am Ende sind Sie allein im Pfarrgemeinderat! Wollen Sie das, Herr Lorder?"
Oh, hoffentlich schaff' ich's!

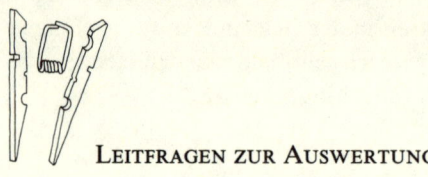

Für die einzelnen Spielerinnen und Spieler:
An welcher Stelle des Prozesses war ich bereit, Macht auszuüben
oder die Ausübung von Macht (im Sinne von – auch moralischem –
Zwang, gerichtet auf einen anderen gegen dessen Willen) gutzu-
heißen?

Was habe ich gegen wichtige eigene Überzeugungen zugelassen „um
des lieben Friedens willen"?

Was hat mir Angst gemacht?

Wem habe ich Angst gemacht?

Für die Gruppe:
Entstand irgendwann ein gemeinsames oder mindestens Mehrheits-
urteil darüber, wer „eigentlich" an dem ganzen Konflikt schuld sei?

Gab es gemeinsame Versuche, einen Friedensstörer an die Außenseite
abzudrängen? Woran war zu erkennen, daß sich mehrere auf einen
Sündenbock geeinigt hatten?

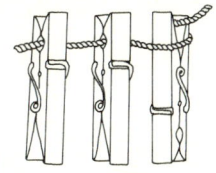

Personen aus dem Teilnehmerkreis, die laufend ähnliche Situationen in ihrer Alltagsarbeit erleben, können sich verabreden, regelmäßig als Gruppe solche Erlebnisse auszutauschen und im Sinne der obigen Auswertungsfragen zu reflektieren. Das wäre nicht weniger als eine kollegiale Supervision.

Dasselbe ist natürlich auch in vertiefter Form denkbar, nämlich mit der (die Aufmerksamkeit der Teilnehmer entlastenden) Hilfe eines von außen kommenden Supervisors.

Ferner eignen sich „Spiele" oder „Übungen" aus dem gruppendynamischen Bereich, wie sie unter anderem von Schwäbisch/Siems (1974) vorgeschlagen werden, zum Teil durchaus als Kommunikationstraining und somit auch zum Einüben friedlichen Umgangs mit Konflikten (wozu auch die Erfahrung gehört, daß manche Konflikte nicht gelöst werden können, sondern ausgehalten werden müssen).

Solche Übungen weisen freilich immer von vornherein auf ein Problem hin und legen die Gruppe dadurch auf ein Thema oder eine bestimmte Richtung fest, wenn sie willkürlich oder unüberlegt „einfach so" eingesetzt werden. Förderlich für den aktuellen Gruppenprozeß ist deshalb die Reihenfolge von der *Gruppe* her: Die Gruppe stößt im Verlauf ihres Prozesses auf ein für sie zu einem bestimmten Zeitpunkt wichtiges Thema und wählt *dann* die dazu passende Übung aus. Das erfordert allerdings, daß eine Person in der Gruppe (es muß nicht der Leiter sein) über ein ausreichend großes Repertoire an Übungen verfügt.

# Vom lebendigen Lernen des Autors

Meine Grundausbildung als Gruppenleiter erhielt ich bei der Gesellschaft für analytische Gruppendynamik (GaG Schweiz) vor allem von Roland Fink und Wolfgang Schmidbauer. Danach haben mir immer wieder „Blicke über den Zaun" geholfen, unentwegt weiterzulernen. In der Zusammenarbeit mit Vertretern anderer Richtungen habe ich nicht nur neue „Techniken", sondern ein Mehr an Überblick, Geduld und Respekt gewonnen. Bei der Entwicklung der ersten Kleinen Planspiele, die für die Lehrerweiterbildung konzipiert waren, unterstützte mich Heide Buschmann als Schulpsychologin in klärenden Gesprächen. Alan Byron und Ingrid Wandel verdanke ich wichtige Einblicke in die Transaktionsanalyse (TA), Kazuko Pfeiffer, die auch meine Analytikerin war, führte mich in die Gestalt-Arbeit ein, Maria-Theresia Jung und Edmund Kösel haben mir die Faszination des Psychodramas nahegebracht, von Karlheinz Moosig lernte ich die Hingabe an das freie Spielen in den Jeux Dramatiques, Katharina Kleissle-Jäntgen vermittelte mir über drei Jahre als gesprächspsychotherapeutische Supervisorin die Kraft des Menschenbilds von Carl Rogers, und schließlich halfen mir Klaus Krüger und Günter Renk in der praktischen Arbeit kollegial mit Elementen der Themenzentrierten Interaktion (TZI) auf anregende Weise. Ebenso wie von ihnen habe ich von allen Mitgliedern der vielen Gruppen gelernt, bei denen ich Teilnehmer, Beobachter und Leiter war.

Ohne unmittelbaren Bezug zur Gruppenarbeit, aber bereichernd für mein Wissen vom Menschen, besonders über gangbare Wege zur Verhaltensänderung, waren für mich verschiedene Trainingseinheiten in Neurolinguistischem Programmieren (NLP) und Hypnose nach Milton Erickson. Hier verdanke ich Bernd Isert, Werner Herren, Carol Erickson und Thomas Condon die entscheidenden Impulse, eine neue Art des Fragens und des Hinhörens mit der ganzen Person. Mehr Mut, mich auszudrücken und Begonnenes, das ich für wesentlich halte, auch gegen Widerstände zu entwickeln, wuchs mir während eines guten Jahres in der von Karlfried Graf Dürckheim gegründeten existentialpsychologischen Bildungs- und Begegnungsstätte in Todtmoos-Rütte zu. Ich danke ganz besonders Ursula Kroug.

Am meisten zu danken habe ich meiner Frau, meiner klugen Gefähr-
tin und unbestechlichen Kritikerin seit 25 Jahren. Mit ihr gemeinsam
gewann ich das Wichtigste, was ich über menschliche Beziehung
weiß. Ihre liebevoll teilnehmende Geduld war der beste Nährboden in
allen Wachstumsphasen meiner eigenen Helfer-Identität bis zur Kon-
zipierung und Fertigstellung dieses Buches.

Rheinfelden, im Dezember 1987            KLAUS A. DAIGL

# Literaturverzeichnis

Antons, K.: Praxis der Gruppendynamik. Göttingen 1974.

Balint, M.: Der Arzt, sein Patient und die Krankheit. Stuttgart 1957.

Brocher, T., und P. Kutter, Hrsg.: Entwicklung der Gruppendynamik. Darmstadt 1985.

Broich, J.: Rollenspiele mit Erwachsenen. Anleitungen und Beispiele für Erwachsenenbildung, Sozialarbeit, Schule. Reinbek 1980.

Capra, F.: Wendezeit, Bausteine für ein neues Weltbild. Bern 1982.

Coburn-Staege, U.: Lernen durch Rollenspiel. Theorie und Praxis für die Schule. Frankfurt/M. 1977.

Cohn, R.: Von der Psychoanalyse zur Themenzentrierten Interaktion. Stuttgart 1975.

Gordon, T.: Familienkonferenz. Hamburg 1972.

Lessing, G. E.: Gesammelte Werke, hg. v. W. Stammler, München 1959. Bd. 2.

Lewin, K.: Feldtheorie in den Sozialwissenschaften. Bern 1963.

Luft, J.: Einführung in die Gruppendynamik. Stuttgart 1974.

Pühl, H., und W. Schmidbauer, Hrsg.: Supervision und Psychoanalyse. München 1986.

Rogers, C. R.: Encounter-Gruppen. Das Erlebnis der menschlichen Begegnung. München 1974.

Schmidbauer, W.: Die hilflosen Helfer. Reinbek 1977 (a).

Schmidbauer, W.: Selbsterfahrung in der Gruppe. München 1977 (b).

Schmidbauer, W.: Helfen als Beruf. Die Ware Nächstenliebe. Reinbek 1983.

Schützenberger, A.: Einführung in das Rollenspiel. Stuttgart 1976.

Schwäbisch, L., und M. Siems: Anleitung zum sozialen Lernen für Paare, Gruppen und Erzieher. Reinbek 1974.

Vopel, K.: Interaktionsspiele Teil 1 bis 6. Hamburg 1975 ff.

Vopel, K.: Handbuch für Gruppenleiter. Zur Theorie und Praxis der Interaktionsspiele. Hamburg 1978.

Watzlawick, P.: Anleitung zum Unglücklichsein. München 1983.

Yalom, J. D.: Gruppenpsychotherapie. München 1974.